Mujer de la Palabra

Mujer
de la Palabra

Cómo ESTUDIAR la BIBLIA, con MENTE y CORAZÓN

Jen Wilkin

Prólogo por Matt Chandler

B&H
ESPAÑOL
NASHVILLE, TENNESSEE

Mujer de la Palabra: Cómo estudiar la Biblia con mente y corazón

B&H Publishing Group
Nashville, TN 37234

Clasificación Decimal Dewey: 220.071
Clasifíquese: BIBLIA – ESTUDIO Y ENSEÑANZA / MUJERES CRISTIANAS / VIDA
RELIGIOSA

Publicado originalmente por Crossway con el título *Women of the Word: How to Study the Bible With Both Our Hearts and Our Minds* © 2014 por Jennifer Wilkin.

Traducción al español: Annabella Vides de Valverde y Dr. José Mendoza
Tipografía: 2K/DENMARK

ISBN: 978-1-4336-9174-4

Impreso en EE.UU.
3 4 5 6 7 8 9 10 * 22 21 20 19 18

Para Jeff, quien mejor me conoce.
Tú me diste ánimo. Salmo 34:3

Contenido

Prólogo por *Matt Chandler*. 9

Introducción 13

1. Cambia las cosas. 19

2. Argumentos a favor de la alfabetización bíblica 35

3. Estudia con propósito. 49

4. Estudia con perspectiva 61

5. Estudia con paciencia 77

6. Estudia mediante un proceso 91

7. Estudia con oración 109

8. Pon todo junto 115

9. Ayuda para maestras. 133

Conclusión: Busca Su rostro. 153

Recursos recomendados 159

Notas 161

Índice de textos bíblicos. 163

Prólogo

Cuando el Espíritu Santo abrió mis ojos para creer, fue como ser arrollado por un tren. Me enamoré de Jesús esa noche y no he podido dejar de amarlo desde entonces. Pero, si bien mi corazón estaba en llamas, mi mente estaba vacía. Hice cientos de preguntas esa noche y en los días posteriores.

En Su providencia, Dios puso a un hombre en mi vida que estuvo dispuesto a enseñarme qué era la Biblia en esta etapa temprana. Esta cita de Ed Clowney condensa lo que aprendí en aquellos primeros días:

> Hay grandes historias en la Biblia... Es posible conocer historias en la Biblia y aun así pasar por alto la verdadera historia... La Biblia tiene una historia. Traza un drama que se está desarrollando. La narración relata la historia de Israel, pero no comienza allí ni contiene lo que esperarías de una historia nacional... Si olvidamos la trama, eliminamos el corazón de la Biblia. Las historias de escuela dominical son narradas como historias domesticadas de las historietas, en las que Sansón sustituye a Superman

y David se convierte en una versión hebrea de Frodo, el hobbit, de *El señor de los anillos*. No, David no es un muchacho valiente que no le tiene miedo al gigante malo. Él es el ungido del Señor... Dios escogió a David como un rey conforme a su corazón con el propósito de hacer los preparativos para la venida del gran Hijo de David, nuestro Campeón y Libertador.[1]

En los últimos 20 años, el Espíritu Santo ha usado la Escritura para animarme, reprenderme, moldear mi matrimonio, mi paternidad, mi actitud hacia el dinero y mi visión en medio de la tragedia, y reiteradamente ha llamado mi atención hacia Aquel en quien se centra la Biblia. Encuentro en mi corazón, por un lado, una verdadera pasión por ver que las personas conozcan y disfruten al Dios de la Biblia. En el otro extremo, siento una gran frustración cuando veo el daño, la pérdida y la falta de confianza que acompaña a la carencia de alfabetización bíblica.[2]

Esta es la razón por la cual estoy feliz de tener este libro entre mis manos. Jen Wilkin toma con seriedad la importancia de conocer al Dios de la Biblia. Ella es una de las mejores maestras a quien tuve la oportunidad de escuchar. Su enfoque para enseñarles a las personas a crecer en su conocimiento de la Escritura es accesible y útil, tanto si has sido cristiana durante décadas y sientes que es demasiado tarde para ti, como si eres una recién convertida deseosa de conocer y comprender al Dios de la Biblia. Su propuesta de cinco «P»: *propósito, perspectiva, paciencia, proceso* y *plegaria* te servirán en los días, las semanas y los meses por venir.

Tengo la certeza de que, mientras aprendas y practiques el método de Jen para estudiar la Biblia, serás cautivada por las historias de la Biblia y su gran historia, y cambiarás para siempre cuando llegues a conocer al Héroe de esa historia.

Cristo es todo,
Matt Chandler
Pastor principal, The Village Church
Presidente, Hechos 29 (red de plantación de iglesias)

Introducción

¿Cómo mueves una montaña?

Una cucharada de tierra a la vez.

Proverbio chino

Este es un libro que trata acerca de mover una montaña. Es mi propia montaña, aunque admito que pasé por alto su existencia hasta que tenía unos 20 años. Sospecho que también puede ser tu montaña, pero eso tendrás que decidirlo tú misma. A diferencia del pico Pikes o el Kilimanjaro, esta montaña no se anuncia de manera inmediata a nuestra vista: toma tiempo verla. Pero, felizmente, a diferencia de una montaña real, esta puede moverse. Esto es bueno porque al otro lado hay algo indeciblemente hermoso por contemplar.

Si hubiera semejante cosa como un pedigrí eclesiástico, el mío sería «raza mixta». Pasé mi niñez buscando una iglesia a la cual llamar casa, siguiendo a uno u otro de mis padres (quienes se habían divorciado cuando yo tenía nueve años) a sus propios lugares de adoración. Durante un tiempo significativo, me congregué en siete diferentes denominaciones. En ese tiempo asistí a escuelas dominicales, escuelas bíblicas de vacaciones, grupos de jóvenes y retiros. Me rociaron cuando era una infante y me sumergieron cuando era una adolescente. Canté himnos de los himnarios preparados para música de órgano y entoné cantos de alabanza que se proyectaban en las pantallas y estaban preparados para música de guitarra. Aprendí a levantar mis manos en adoración y aprendí a mantenerlas sin levantar. Escuché sermones leídos de forma monótona y sermones dichos en voz alta y con energía. Aprendí la cadencia de los credos y las liturgias, así como la cadencia de las panderetas y la danza. Aprendí a tener un «tiempo devocional» y memoricé numerosos versículos bíblicos para ganar un viaje gratis a un campamento de verano. Aprendí cómo compartir el evangelio con mis amigos no creyentes. Yo era una niña de iglesia, aun cuando era una niña de muchas iglesias, que podía responder tan bien las preguntas de la escuela dominical que hacía que mis maestros se sintieran orgullosísimos.

En la universidad continué mis viajes a través de las denominaciones, leía los libros devocionales y asistía a los estudios bíblicos para avivar las llamas de mi fe. Durante mi último año me pidieron que dirigiera un estudio. Pero yo llevaba un secreto que no es inusual para las personas con mis antecedentes: no conocía mi Biblia. Claro, yo conocía partes de ella (recordaba historias de la escuela bíblica de vacaciones y podía citar versículos de cualquier parte del Nuevo Testamento y los Salmos), pero no sabía cómo las partes que conocía encajaban entre sí, mucho menos cómo encajaban con las partes que todavía no conocía. Obstaculizando mi visión periférica, había una montaña de ignorancia bíblica que comenzaba a causarme preocupación. Aunque valoraba lo que sabía, me sentía cada vez más perturbada por lo que no sabía.

El tiempo que había pasado en todas esas distintas iglesias me había enseñado una preocupante verdad: todos los pastores tenían mucho que decir, pero no todos los pastores estaban diciendo las mismas cosas. ¿Quién tenía razón? ¿Existe un rapto o no? ¿Tiene Dios que contestar nuestras oraciones si oramos de cierta manera? ¿Debo bautizarme de nuevo? ¿Cuán antigua es la Tierra? ¿Los creyentes del Antiguo Testamento fueron salvados de manera distinta de los creyentes del Nuevo Testamento? En general, mis maestros sonaban igual de convincentes. ¿Cómo podía yo saber quién estaba interpretando de manera adecuada la Biblia y quién estaba enseñando mal? Experimentar en carne propia las consecuencias de la enseñanza equivocada despertó en mí un deseo de conocer por mí misma lo que la Biblia enseñaba.

El matrimonio y la maternidad aumentaron mi urgencia por aprender y me revelaron cuán mal preparada estaba para cumplir esos roles en maneras que honraran a Dios. Pero no sabía por dónde empezar para arreglar el problema. Parecía más que evidente que, si Dios nos había dado Su voluntad revelada en la Biblia, yo debería dedicar más tiempo para tratar de conocerla y comprenderla. Pero la tarea parecía abrumadora. ¿Por dónde debía comenzar? Y ¿por qué las cosas que estaba haciendo no me ayudaban a discernir mejor el problema? ¿Cómo se suponía que debía mover la montaña de mi ignorancia bíblica?

La respuesta, desde luego, fue gloriosa en su simpleza. La respuesta era «una cucharada a la vez». Debo agradecer que alguien me diera una cuchara.

Reconozco que fui a mi primer estudio bíblico de mujeres buscando conversación adulta y tarta del café, aunque no necesariamente en ese orden. La tentación del cuidado gratuito de niños era más de lo que esta joven madre con un bebé de tres meses podía resistir; entonces me propuse salir de casa y regresar a la tierra de los vivos. Lo que encontré fue un ambiente cordial: un grupo de mujeres con un mismo sentir dispuestas a conectarse como comunidad, en oración y en el estudio. Lo que encontré, aunque no lo sabía entonces, fue el inicio de un proceso que me transformaría de estudiante en maestra, que me haría quedarme despierta en mi cama durante la noche pensando cómo poner más cucharas en las manos de más mujeres, orando que muchas montañas pudieran ser arrojadas al mar.

Este libro tiene el propósito de equiparte con la mejor cuchara que te puedo ofrecer. No pretende enseñarte solo una doctrina, concepto o historia, sino un método de estudio que te permitirá abrir la Biblia por tu cuenta. Tiene previsto desafiarte a pensar y crecer al usar herramientas accesibles a todos nosotros, ya sea que tengamos un diploma de bachillerato (secundaria) o un grado de seminario, ya sea que tengamos minutos u horas para dedicar cada día. Este libro se propone cambiar la manera en que piensas sobre el estudio de la Biblia.

Quizás tu historia no se parece en nada a la mía; quizás tú dedicaste tu vida entera a la misma iglesia o a ninguna. Sospecho que conoces esa tenue disconformidad que es producto de vivir a la sombra de una montaña.

Alguien dijo que llegamos a ser lo que contemplamos. Creo que no hay nada más transformador para nuestras vidas que contemplar a Dios en Su Palabra. Al fin y al cabo, ¿cómo podemos conformarnos a la imagen de un Dios que no hemos contemplado? Al otro lado de la montaña de mi ignorancia bíblica, había una visión alta y enaltecida de Dios, una visión que se extiende de Génesis a Apocalipsis que con desesperación necesitaba ver. Todavía no terminé de remover toda la montaña de mi campo visual, pero tengo la intención de ir a mi tumba con tierra bajo mis uñas y una cuchara apretada en mi puño. Tengo la determinación de que ninguna montaña de ignorancia bíblica me impedirá ver a Dios, tan claramente como me lo permitan los 70 u 80 años que viva sobre esta Tierra.

Por eso, este es un libro para aquellas que están preparadas para comenzar a cavar. Es un libro para aquellas que están preparadas para hacerle frente por completo a la montaña de su comprensión fragmentada de la Escritura, y esgrimiendo una cuchara, le ordenarán que se mueva.

1

Cambia las cosas

Toda Escritura es inspirada por Dios y útil para enseñar,
para reprender, para corregir, para instruir en justicia,
a fin de que el hombre de Dios sea perfecto, equipado
para toda buena obra.

2 Tim. 3:16-17

Este es un libro para equipar a las mujeres a través del estudio
de la Biblia. Fuera de mi familia, es lo que más aprecio. Pero no
ha sido siempre igual. Mucho antes de que tuviera pasión por
enseñar la Biblia, tenía una profunda y constante pasión por algo
más. Cuando tenía cuatro años me encantaban las medias con
pliegues de encaje.

¿Las recuerdas: esas medias para niñas pequeñas adornadas
con cuatro filas de pliegues de encaje cosidas en la parte posterior? Me gustaban muchísimo. Cuando estaba en preescolar me
ponía vestidos solo para poder usarlas. Cuando me quedaba sin
vestidos que ponerme, sin darme por vencida, apretujaba esas
medias bajo mis pantalones. ¿Abultado? Sí. ¿Incómoda? Absolutamente. ¿Bella? Sabes que sí.

Me gustaba todo de ellas, excepto una cosa: los encajes estaban en la parte de atrás donde la persona que las usaba no podía disfrutar viéndolos. ¿Todo ese hermoso encaje fuera de la vista? Inaceptable. Pero, una simple solución se presentó por sí misma: comencé a usarlas al revés.

Problema resuelto. Hasta que mi madre me descubrió.

No sé si fue la parte del talón que se salía por la parte superior de mis zapatitos bajos con tiras de cuero sobre el empeine o la manera en que mi estómago estaba abultado de manera sospechosa bajo mi falda. Quizás era la forma extraña en que tenía que caminar para no caerme, o mi hábito frecuente de dar vueltas frente a los espejos. Solo diré que usar estas medias al revés me causaba varios problemas, que no habría tenido si las hubiera usado de manera correcta. Mi madre me dijo que usarlas al revés no era una opción. Estas medias fueron hechas para usarlas de cierta manera con un fin determinado, y era necesario que las diera vuelta o renunciara al privilegio de esas cuatro gloriosas filas de encaje.

Ojalá pudiera decir que esta fue la única ocasión en mi vida en que hice algo al revés. No la fue. Mi pasión por enseñar a las mujeres la Biblia es en realidad el resultado de haber hecho otras cosas al revés. Quiero compartirte dos enfoques que tomé para equiparme con las Escrituras y que al inicio parecían correctos, pero estaban completamente al revés.

Tal vez pienses que estudiar la Biblia debería ser algo que deberíamos saber hacer de manera intuitiva. Al fin y al cabo, si Dios revela Su voluntad y carácter allí, ¿no confiaría el Espíritu Santo Su mensaje a nuestros corazones? Pero este no es el caso. Sí, el Espíritu Santo nos confía la Palabra, pero no sin esfuerzo de nuestra parte.

¿Sabes que la palabra *discípulo* significa «aprendiz»? Como discípulas de Cristo, tú y yo somos llamadas a aprender, y aprender requiere esfuerzo. También requiere buenos métodos de estudio. Sabemos que esto es cierto respecto a nuestra educación, pero ¿sabemos que esto es cierto en cuanto a seguir a Cristo? Aunque fui una buena estudiante en la escuela, no siempre fui una buena estudiante de la Palabra y, por mis propios medios, quizás no me habría convertido en una. Pero gracias a la enseñanza fiel de otros, mi tendencia a hacer las cosas buenas al revés salió a la luz. Al cambiar mis dos enfoques sobre el estudio de la Biblia, que tenía al revés, me encaminé hacia un amor permanente por el aprendizaje, la aplicación y la enseñanza.

Cambio 1: dejemos que la Biblia hable de Dios

La primera cosa que hacía al revés parece tan obvia que es vergonzoso admitirla: no entendía que la Biblia es un libro sobre Dios. La Biblia es un libro que revela con audacia y claridad quién es Dios en cada página. En Génesis, lo hace al colocar a Dios como el sujeto de la narrativa de la creación. En Éxodo, lo compara con Faraón y los dioses de Egipto. En los Salmos, David alaba el poder y la majestad de Dios. Los profetas proclaman Su ira y Su justicia. Los Evangelios y las epístolas desarrollan Su carácter en la persona y obra de Cristo. Apocalipsis despliega Su dominio sobre todas las cosas. Desde el principio hasta el fin, la Biblia es un libro sobre Dios.

Quizás yo sí sabía que la Biblia era un libro sobre Dios, pero no me daba cuenta de que no lo estaba leyendo como tal. Aquí es donde hacía las cosas al revés: abordaba mi estudio bíblico con las preguntas equivocadas. Leía la Biblia y preguntaba: «¿Quién soy

yo?» y «¿Qué debo hacer?». Y la Biblia respondía estas preguntas en diferentes lugares. Efesios 2:10 me aseguraba que yo era
hechura de Dios. El Sermón del Monte me indicaba que pidiera
por el pan diario y acumulara tesoros en el cielo. La historia del
rey David me decía que buscara ser conforme al corazón de Dios.
Pero mis preguntas revelaban que tenía un sutil malentendido
en cuanto a la misma naturaleza de la Biblia: creía que la Biblia
era un libro sobre mí.

Creía que debía leer la Biblia para que me enseñara cómo
vivir y asegurarme de que era amada y perdonada. Pensaba que
era una hoja de ruta para la vida y que, en cualquier circunstancia, alguien que de verdad supiera cómo leerla e interpretarla
podría encontrar un pasaje para dar consuelo y dirección. Creía
que el propósito de la Biblia era ayudarme.

Con esta creencia, yo no era tan diferente de Moisés, parado
frente a la zarza ardiente en el monte Sinaí. Sin demora, dentro
de su visión hubo una revelación del carácter de Dios: una zarza
en llamas, que le hablaba de manera audible y la cual milagro-
samente no se consumía. Obligado por esta visión de Dios para
ir ante Faraón y demandar la liberación de los cautivos, Moisés,
avergonzado, replicó: «*¿Quién soy yo* para ir a Faraón, y sacar a
los hijos de Israel de Egipto?» (Ex. 3:11).

Dios responde con paciencia haciendo de Sí mismo el sujeto
de la narrativa: «Ciertamente yo estaré contigo» (Ex. 3:12). En
vez de sentirse tranquilo por esta respuesta, Moisés pregunta
qué debe hacer: «Entonces dijo Moisés a Dios: He aquí, si voy a
los hijos de Israel, y les digo: "El Dios de vuestros padres me ha
enviado a vosotros", tal vez me digan: "¿Cuál es su nombre?",
¿qué les responderé?» (v. 13).

Date cuenta de que, en vez de indicarle a Moisés lo que debería hacer, Dios le declara lo que *Él* ha hecho, está haciendo y hará:

Y dijo Dios a Moisés: YO SOY EL QUE SOY. Y añadió: Así dirás a los hijos de Israel: «YO SOY me ha enviado a vosotros». Dijo además Dios a Moisés: Así dirás a los hijos de Israel: *«El Señor, el Dios de vuestros padres, el Dios de Abraham, el Dios de Isaac y el Dios de Jacob,* me ha enviado a vosotros». Este es mi nombre para siempre, y con él se hará memoria de *mí* de generación en generación. Ve y reúne a los ancianos de Israel, y diles: *«El Señor, el Dios de vuestros padres, el Dios de Abraham, de Isaac y de Jacob,* se me ha aparecido, diciendo: "Ciertamente os he visitado y *he* visto lo que se os ha hecho en Egipto. Y *he* dicho: Os *sacaré* de la aflicción de Egipto [...]"». Y ellos escucharán tu voz; y tú irás con los ancianos de Israel al rey de Egipto, y le diréis: *«El Señor, el Dios de los hebreos,* nos ha salido al encuentro. Ahora pues, permite que vayamos tres días de camino al desierto para ofrecer sacrificios al Señor nuestro Dios». Pero *yo sé* que el rey de Egipto no os dejará ir, si no es por la fuerza. Pero *yo extenderé* mi mano y heriré a Egipto con todos los prodigios que *haré* en medio de él, y después de esto, os dejará ir. Y *daré* a este pueblo gracia ante los ojos de los egipcios; y sucederá que cuando os vayáis, no os iréis con las manos vacías. (Ex. 3:14-21)

El diálogo continúa en estos términos. A lo largo de un capítulo y medio de Éxodo, Moisés hace las preguntas equivocadas: ¿quién soy yo?, ¿qué debo hacer? En vez de contestarle: «Moisés, tú eres mi siervo escogido. Tú eres mi valiosa creación, un líder talentoso y sabio», Dios le responde sacando por completo a Moisés como el sujeto de la discusión e incluyéndose a Él mismo. Le responde la pregunta autoenfocada de Moisés: «¿Quién soy yo?» con la única respuesta que importa: «YO SOY».

Nosotras somos como Moisés. La Biblia es nuestra zarza ardiente, una declaración fiel de la presencia y santidad de Dios. Le pedimos que nos hable sobre nosotras mismas y todo el tiempo nos está hablando sobre «YO SOY». Pensamos que si tan solo nos contara sobre quiénes somos y qué debemos hacer, entonces nuestras inseguridades, temores y dudas se desvanecerían. Pero nuestras inseguridades, temores y dudas nunca podrán ser desterradas por el conocimiento de quiénes somos. Estos solo podrán ser desterrados por el conocimiento de «YO SOY». Debemos leer y estudiar la Biblia con nuestros oídos adiestrados para escuchar la declaración de Dios sobre Sí mismo.

¿Esto significa que la Biblia no tiene nada que decirnos acerca de quiénes somos? En lo absoluto. Solo que nosotras pretendemos contestar esta pregunta al revés. La Biblia nos indica quiénes somos y qué debemos hacer, pero lo hace a través de las lentes de quién es Dios. El conocimiento de Dios y el conocimiento de uno mismo siempre van de la mano. En realidad, no puede haber verdadero conocimiento de uno mismo aparte del conocimiento de Dios. Él es el único referente confiable. Entonces, cuando leo que Dios es paciente, comprendo que yo no soy paciente. Cuando leo que Dios es tardo para enojarse, me doy cuenta de que yo me enojo con facilidad. Cuando leo que Dios es justo, tengo que reconocer que yo soy injusta. Al ver quién es Él, me muestra a plena luz quién soy yo. Una visión alta y enaltecida de Dios pone de manifiesto mi pecado y aumenta mi amor por Él. El dolor y el amor llevan a un genuino arrepentimiento y yo comienzo a ser conformada a la imagen de Aquel a quien contemplo.

Si leo la Biblia para encontrarme a mí misma en el texto antes de encontrar a Dios allí, quizás aprenda que no debería ser egoísta. Tal vez ponga más empeño en no ser egoísta. Pero hasta que no vea mi egoísmo a través de las lentes de la absoluta generosidad de Dios, no habré comprendido bien la pecaminosidad del egoísmo. La Biblia es un libro sobre Dios. Así como Moisés aprendería durante el Éxodo, *quién era él* no tendría ningún impacto en el desenlace de su situación. *Quién era Dios* hacía toda la diferencia.

En el Nuevo Testamento leemos que Jesús abordó el mismo problema con los líderes de los judíos: «Examináis las Escrituras porque vosotros pensáis que en ellas tenéis vida eterna; y ellas son las que *dan testimonio de mí*; y no queréis venir a mí para que tengáis vida» (Juan 5:39-40). Los líderes judíos estudiaban las Escrituras haciéndose las preguntas incorrectas, esperando que la imagen equivocada les fuese revelada.

Si la vida eterna se encuentra en las Escrituras, se encuentra a través de las lentes de quién es Dios. Si nuestra lectura de la Biblia se enfoca en alguien más que Dios, hemos comprendido al revés el proceso de transformación. Cualquier estudio de la Biblia que busca establecer nuestra identidad sin primero proclamar la identidad de Dios proveerá ayuda parcial y limitada. Debemos cambiar nuestro hábito de preguntar: «¿Quién soy yo?». Debemos primero preguntar: «¿Qué me enseña este pasaje sobre Dios?» antes de pedirle que nos enseñe algo sobre nosotras mismas. Tenemos que reconocer que la Biblia es un libro sobre Dios.

Cambio 2: dejemos que la mente transforme el corazón

La segunda cosa que tenía al revés en mi enfoque a la Biblia era la creencia de que mi corazón debía dirigir mi estudio. El corazón, como lo describe la Escritura, es el asiento de la voluntad y las emociones. Es la parte que «siente» y «toma las decisiones». Permitir que mi corazón dirigiera mi estudio significaba que esperaba que la Biblia me hiciera sentir de cierta manera cuando la leyera. Quería que me diera paz, consuelo o esperanza. Quería que me hiciera sentir más cerca de Dios. Quería que me diera seguridad en cuanto a las decisiones difíciles. Ya que quería que la Biblia despertara mis emociones, entonces dedicaba poco tiempo a libros como Levítico o Números, y mucho más tiempo a libros como los Salmos y los Evangelios.

La Biblia nos manda amar a Dios con todo nuestro corazón (Mar. 12:30). Cuando afirmamos que amamos a Dios con todo nuestro corazón, queremos decir que lo amamos por completo con todas nuestras emociones y nuestra voluntad. Conectar nuestras emociones con nuestra fe se da de manera natural para las mujeres: por lo general, sabemos cómo ser emotivas sin mucha orientación. Si consideramos el corazón como el asiento de nuestras emociones y nuestra voluntad, parece razonable que a menudo nos acerquemos a la Palabra de Dios y preguntemos: «¿Quién soy yo?» y «¿Qué debo hacer?». Estas preguntas abordan el corazón de forma exclusiva. Y nosotras hablamos muchas veces en la iglesia sobre cómo el cristianismo es una religión del corazón, de cómo Cristo viene a nuestros corazones, de cómo necesitamos un cambio de corazón. Es correcto referirse al cristianismo de esta forma, pero no únicamente de esta forma.

Es interesante señalar que el mismo versículo que nos manda amar a Dios con todo nuestro corazón, además nos manda a amarlo con toda nuestra mente. Nuestras mentes son el asiento de nuestro intelecto. Conectar nuestro intelecto con nuestra fe no se da de manera natural para la mayoría de nosotras. Vivimos en una época cuando la fe y la razón se describen como polos opuestos. En ocasiones, la iglesia incluso ha adoptado esa clase de lenguaje. Para algunas de nosotras, la fortaleza de nuestra fe se mide según cuán cerca de Dios nos sintamos en un momento determinado, cómo nos hizo sentir un sermón o un coro de alabanza o nuestro tiempo devocional. Escondido en este razonamiento hay un deseo honesto de tener una relación profunda con un Dios personal, pero mantener nuestras emociones puede ser agotador y frustrante. Un cambio en las circunstancias puede derribar nuestra estabilidad emocional en un solo instante. Nuestro «caminar con el Señor» puede sentirse más como un viaje de altibajos en la montaña rusa que como un camino recto en el cual los valles y los montes han sido nivelados.

¿Podría ser porque comprendimos las cosas al revés? Al pedir a nuestros corazones que dirijan nuestras mentes, ¿hemos comprado voluntariamente un boleto para subirnos a la montaña rusa? A menos que cambiemos las cosas, es decir, a menos que pongamos la mente al mando del corazón, podríamos estar emprendiendo un viaje largo y alocado.

Pedirnos que pongamos nuestras mentes antes que nuestros corazones no suena muy espiritual, ¿no? Pero presta atención a la manera en que la Escritura se refiere al papel de la mente:

Al arrepentirse: «si *se vuelven a ti con todo su corazón* y con toda su alma en la tierra de sus enemigos [...], entonces escucha tú desde los cielos, el lugar de tu morada, su oración y su súplica...» (1 Rey. 8:48-49).[a]

Al buscar a Dios: «*Dispongan ahora su corazón* y su alma para buscar al Señor su Dios...» (1 Crón. 22:19, NBLH).[b]

Al encontrar la paz: «Tú guardarás en completa paz a aquel *cuyo pensamiento en ti persevera*; porque en ti ha confiado» (Isa. 26:3, RVR1960).

En la adoración correcta: «Porque si yo oro en lenguas, mi espíritu ora, pero *mi entendimiento queda sin fruto*. Entonces ¿qué? Oraré con el espíritu, pero también *oraré con el entendimiento*; cantaré con el espíritu, pero también *cantaré con el entendimiento*» (1 Cor. 14:14-15).

Al entender las Escrituras: «Y [Jesús] les dijo: Esto es lo que yo os decía cuando todavía estaba con vosotros: que era necesario que se cumpliera todo lo que sobre mí está escrito en la ley de Moisés, en los profetas y en los salmos. Entonces *les abrió la mente para que comprendieran las Escrituras*» (Luc. 24:44-45).

Al transformarnos: «Y no os adaptéis a este mundo, sino *transformaos mediante la renovación de vuestra mente*, para

---

a La palabra hebrea *néfesh* es alma en el sentido más general y también de manera particular se entiende como «mente».
b Ibíd.

que verifiquéis cuál es la voluntad de Dios: lo que es bueno, aceptable y perfecto» (Rom. 12:2).

No te apresures y pases por alto la verdad crucial que acabas de leer en Romanos 12:2. ¿Qué cristiano no desea con desesperación una transformación de la vida y el conocimiento de la voluntad de Dios? En estos versículos, Pablo afirma de modo inequívoco cómo podemos obtenerlos: mediante la renovación *de nuestras mentes, no de nuestros corazones.*

Durante años intenté amar a Dios con mi corazón y descuidé mi mente, no reconocí mi necesidad de crecer en el conocimiento del «YO SOY». Cualquier estudio sistemático de la Biblia lo sentía mecánico, incluso como un acto de falta de fe o una admisión de que la iluminación del Espíritu Santo no era suficiente para mí. Pero se me escapaba la importante verdad de que *el corazón no puede amar lo que la mente no conoce.* Este es el mensaje de Romanos 12:2, no que la mente sola afecta la transformación, sino que el camino a la transformación corre desde la mente hacia el corazón, y no al revés.

La comunidad científica ha observado que este es el orden en que ocurre la conexión: primero la mente, después el corazón. Paul Bloom, profesor de la Universidad de Yale, con un doctorado en Psicología Cognitiva, se especializa en la investigación sobre el placer, el estudio de cómo nosotros los humanos desarrollamos la capacidad de obtener placer de las personas, experiencias y cosas. A través de su investigación descubrió que el placer no simplemente ocurre, sino que se desarrolla. El cómo se desarrolla es un punto digno de observar: «Las personas me preguntan: "¿Cómo obtienes más placer de la vida?". Y mi respuesta es en extremo pedante: "Estudia más...". La clave para disfrutar el vino no es solo tomar una gran cantidad de vino caro, es aprender sobre el vino».[1]

Bloom ha descubierto que el placer resulta de adquirir conocimiento sobre el objeto de nuestro placer y no, como podríamos asumir, de experimentarlo una y otra vez. En concreto, nuestro placer aumenta cuando aprendemos su historia, origen y naturaleza más profunda.[2] Esto tiene especial relevancia para los cristianos. Somos llamados a ser un pueblo que se deleita en el Señor, que podemos decir con convicción que «... en tu diestra, [hay] deleites para siempre» (Sal. 16:11). Muchas de nosotras nos identificamos sin dificultad con el llamado hedonismo cristiano.[c] Sin embargo, luchamos todos los días por vivir como aquellas cuyo mayor deleite se encuentra en Dios. Si Bloom tiene razón, encontrar un deleite mucho mayor en Dios no resultará de buscar más experiencias con Él, sino de conocerlo mejor. Esto será el resultado de realizar un estudio de la Deidad.

Piensa sobre la relación, la posesión o el interés del cual obtienes mayor placer. ¿Cómo desarrollaste ese deleite? Si te apasiona el arte moderno, tu auto, la conservación de la naturaleza, tu esposo, la nutrición, la educación o el béisbol, supongo que te volviste así porque aprendiste sobre el objeto de tu pasión, y que tu placer en esto o aquello creció conforme aumentó tu conocimiento.

El matrimonio quizás sea el ejemplo más evidente de este proceso. Casi todos se casan con muy poca información. ¿Te diste cuenta de eso? Invertimos nuestro futuro en una relación relativamente corta, en gran parte debido a un torrente de emociones que nos golpea durante la fase del noviazgo. Nos casamos,

---

c Para conocer más sobre este tema, lee *Cuando no deseo a Dios*.

inundadas de amor por nuestro esposo, pero conocemos muy poco sobre él en comparación con el resto de las cosas. Esos sentimientos iniciales de amor menguan o se profundizan, según los alimentamos. Al mirar en retrospectiva, puedo afirmar de manera honesta que amo a mi esposo exponencialmente más de lo que lo amaba el día de mi boda. ¿Por qué? Porque lo he estudiado a él, y él a mí. Al conocerlo más, ha crecido mi amor por él. El día de nuestra boda, yo sospechaba que él sería un buen padre, un buen trabajador y un fiel interlocutor (alguien que escucharía y me ofrecería su opinión), pero 20 años después sé que él es todas estas cosas. Mi amor por él creció según lo he ido conociendo más y más.

Ahora piensa sobre tu relación con Dios desde la misma perspectiva. La mayoría de las personas vienen a la fe en Dios con muy poca información. Comprendimos que necesitamos perdón y gracia, y fuimos guiados al reino sobre una ola de profunda emoción. Pero solo percibimos algo de Aquel que nos llevó a Sí mismo. Sospechamos que Él es todo aquello que es bueno, pero no hemos hecho todavía un estudio de Él. Como una recién casada, llegamos al final de la luna de miel y comenzamos a preguntarnos cómo vamos a mantener y alimentar esta relación.

La respuesta consiste en conocer a Dios, en amarlo con nuestras mentes. Nunca la expresión «conocerlo es amarlo» ha sido más veraz. Según crecemos en el conocimiento del carácter de Dios, mediante el estudio de Su Palabra, no podemos hacer otra cosa que no sea amarlo exponencialmente más. Esto explica la razón por la cual Romanos 12:2 afirma que nosotras somos transformadas por la renovación de nuestras mentes. Llegamos a comprender quién es Dios y somos cambiadas; nuestros afectos se distancian de las cosas de menos valía y se conectan con Él. Si queremos sentir un amor más profundo por Dios, debemos aprender a verlo con más claridad por quién es Él. Si queremos sentir de manera más plena en cuanto a Dios, debemos aprender a pensar más a fondo en cuanto a Él.

Considera otra ilustración: si yo te contara que amo el piano y disfruto interpretar música mediante este instrumento, ¿cómo podrías descubrir si mis sentimientos hacia el piano son reales o no? Simple. Solo pídeme que interprete algo para ti. Una persona que en verdad ama interpretar este instrumento se disciplina para estudiarlo. Mediante mucha aplicación de disciplina mental, su dominio al interpretar y, por ende, su amor por la interpretación, crece y florece.

El corazón no puede amar lo que la mente no conoce. Sí, es pecaminoso adquirir conocimiento por el conocimiento mismo, pero adquirir conocimiento sobre Aquel a quien amamos, porque queremos amarlo de manera más profunda, será siempre para nuestra transformación. Debemos amar a Dios con nuestras mentes, y permitirle a nuestro intelecto que informe a nuestras emociones, y no al revés.

Dios antes que yo; primero la mente, luego el corazón

Vernos a nosotras mismas en la Biblia e involucrar nuestras emociones al amar a Dios son cosas hermosas. Son como los metafóricos pliegues de encaje en las medias de nuestro estudio de la Biblia. Pero estos pliegues deben estar en la parte posterior, una gratificación secundaria al buscar de manera obediente lo que es primario. El estudio de la Biblia que equipa no descuida el conocimiento de uno mismo, pero lo coloca en el lugar correcto: es instruido por el conocimiento de Dios. El estudio de la Biblia que equipa no aparta el corazón del estudio, sino que coloca al corazón en el lugar correcto: es instruido por la mente.

Quizás tú tienes las cosas al revés como yo. Quizás te has dado cuenta de la molestia que sientes por el estudio de la Biblia que se enfoca en quién eres y lo que debes hacer, más que en quién es Dios; o por el estudio de la Biblia que apunta a tus emociones más que a tu intelecto. No es demasiado tarde para cambiar las cosas. Avancemos y pidamos al Señor que nos muestre un acercamiento para aprender la Biblia «con los pliegues de encaje en la parte posterior».

2

Argumentos a favor de la alfabetización bíblica

> Porque todo lo que fue escrito en tiempos pasados, para nuestra enseñanza se escribió, a fin de que por medio de la paciencia y del consuelo de las Escrituras tengamos esperanza.
>
> Rom. 15:4

Un pequeño aviso: este es el capítulo que tú no querrás leer, donde te sentirás incómoda y desearás decirme que me ocupe de mis propios asuntos. Este es el capítulo donde hablamos sobre la alfabetización bíblica: qué significa, si lo estamos logrando y por qué es importante que así sea.

Permíteme que te lo facilite: la mayoría de nosotras no la tenemos, incluida yo misma. La alfabetización bíblica es algo que nunca podremos afirmar haber logrado en algún momento de nuestras vidas sin sentirnos incómodas. Por lo tanto, este es el capítulo que me hace sentir incómoda también a mí.

Todas llevamos con nosotras la vaga molestia de nuestra ignorancia; sentimos que sale a la superficie cuando tenemos una conversación con el no creyente, el amigo de nuestro grupo pequeño o la mujer mayor y sabia. Algunas veces, cuando estamos participando en una trivia bíblica (juego de preguntas y respuestas), experimentamos un momento de puro pánico porque Juan Pérez sabe manejar nuestro texto sagrado mejor que nosotras. Pasaríamos apuros para nombrar a los doce apóstoles o dar el orden de la historia de la creación. Hemos escuchado sobre Tamar, pero ¿era un ejemplo positivo o negativo? Cuando dos predicadores que disfrutamos escuchar toman diferentes posiciones sobre el mismo pasaje, terminamos confundidas.

Valoramos lo que sabemos, pero nos sentimos inquietas por lo que no sabemos. Hacemos todo lo posible por improvisar un mosaico con retazos de conocimiento de la Escritura, armado con remiendos de sermones, estudios y tiempos devocionales. Pero a menudo nos enfrentamos con espacios y costuras sueltas en nuestra comprensión, en particular cuando la vida se pone difícil. Nos damos cuenta de que no conocemos nuestras Biblias como deberíamos: algunas mujeres que son nuevas en la fe no las conocen y muchas de nosotras que hemos estado en la iglesia durante décadas tampoco estamos en mejores condiciones.

Pero ¿qué más podemos aprender de la Biblia? Ya hemos empezado a contestar la pregunta respecto a qué hace un estudio sano de la Biblia: transforma el corazón mediante la capacitación de la mente y coloca a Dios en el centro de la historia. Sin embargo, el estudio sano de la Biblia hace aún mucho más que eso: deja a la estudiante con una mejor comprensión de la Biblia que la que tenía cuando comenzó. Dicho de otra manera, el estudio sano de la Biblia aumenta nuestra alfabetización bíblica.

¿Qué es la alfabetización bíblica?

Esta ocurre cuando una persona tiene acceso a una Biblia en un lenguaje que entiende y avanza de manera sostenida hacia el conocimiento y la comprensión del texto. Si es cierto que el carácter y la voluntad de Dios se proclaman en la Escritura, entonces un intento sincero de estar equipado para la obra del discipulado debe incluir el deseo de fortalecer la alfabetización bíblica. Estar bíblicamente alfabetizado permite coser los retazos de nuestro conocimiento y convertirlos en una prenda sin costuras en nuestro entendimiento.

Si tú estás leyendo este libro, entonces sin duda tienes acceso a una Biblia en un lenguaje que entiendes. Esto no es poca cosa. Lo que necesitas es avanzar de manera sostenida hacia el conocimiento y la comprensión del texto. Este avance de manera sostenida no ocurre por accidente ni siempre ocurre de manera intuitiva. Quizás tengamos un deseo sincero de fortalecer nuestra alfabetización bíblica, pero sin capacitación, podríamos desarrollar hábitos al abordar el texto que, en el mejor de los casos, no nos servirían para incrementar la alfabetización y, en el peor de los casos, nos perjudicarían. Antes de desarrollar buenos hábitos, debemos realizar un inventario honesto de aquellos hábitos perjudiciales que quizás ya estamos practicando.

¿Has tenido alguna vez un hábito perjudicial con el que querías terminar? Cuando tenía poco más de 20 años me di cuenta de que tenía el hábito poco útil de completar las oraciones de otras personas. Recuerdo mi sorpresa cuando alguien con mucho amor me señaló que no debería hacer eso. No era que no supiera que completaba las oraciones de otras personas, era que no veía nada malo en ello. De verdad creía que, entrometiéndome, estaba ayudando con la conversación. Pero cuando me di cuenta de lo que estaba haciendo, comprendí lo seguido que pasaba y lo irrespetuoso que era para los demás. Me sentí avergonzada y apenada, y me invadió un deseo inmediato de no volverlo a hacer. Pero en el momento en que me di cuenta del problema, ya había formado un patrón bien arraigado de comunicación que era difícil de romper. Aprender a dejar este mal hábito requirió reconocer el alcance de mi problema y luego trabajar duro para cambiar el patrón de conducta.

Esto es válido para cualquier hábito negativo que desarrollemos, en especial si el hábito lo hemos desarrollado a través de los años. Para romperlo, primero debemos reconocer el alcance de su influencia y luego tomar medidas para cambiar.

En cuanto al estudio de la Biblia, los hábitos perjudiciales abundan. Dentro de nuestra subcultura hemos adoptado una frase universal para describir nuestro hábito regular de interactuar con la Escritura: «pasar tiempo en la Palabra». Los líderes de las iglesias nos instan a hacerlo. Los autores y los blogueros nos exhortan a valorarlo. Pero lo que debería ocurrir durante nuestro «tiempo en la Palabra» puede permanecer sin ninguna claridad y los hábitos específicos que esto representa varían mucho de persona a persona.

El peligro potencial de esta imprecisión es que asumamos que nuestra versión de «pasar tiempo en la Palabra» nos hace avanzar hacia la alfabetización bíblica solo porque hemos sido obedientes al practicarlo. No todo contacto con la Escritura construye la alfabetización bíblica. Aprender lo que la Biblia dice y luego trabajar para interpretarla y aplicarla requiere de una práctica diferente a muchas de aquellas que solemos asociar con «pasar tiempo en la Palabra». Nosotras no podemos darnos el lujo de asumir que nuestras buenas intenciones son suficientes.

¿Estamos adquiriendo una mayor alfabetización bíblica?

Si la alfabetización bíblica es nuestra meta, necesitamos una evaluación honesta de lo que ahora estamos haciendo para lograrla. Algunos de nuestros hábitos actuales podrían no ser «malos» en el sentido de que no ayudan en nada a aprender la Palabra de Dios: ellos pueden ser sencillamente limitantes, en el sentido de que solo nos pueden llevar hasta cierto punto en nuestro entendimiento. Otros hábitos quizás deban ser dejados de lado por completo. Al principio, tal vez no seamos capaces de percibir que nuestras estrategias actuales son limitantes o inútiles, pero con un examen más detenido empezaremos a notar los vacíos que estas estrategias pueden dejar en nuestra comprensión.

A lo largo de los años en que he enseñado la Biblia a mujeres, con frecuencia encontré varios hábitos perjudiciales al «pasar tiempo en la Palabra». Me pregunto si alguno de ellos te es familiar.

El acercamiento tipo píldora ansiolítica

¿Te sientes ansiosa? Filipenses 4:6 afirma que por nada debemos estar afanadas. ¿Te sientes fea? Salmos 139 declara que asombrosa y maravillosamente has sido hecha. ¿Te sientes agotada? Mateo 11:28 dice que Jesús hará descansar al que está cansado y cargado. Esta forma de acercarse a la Escritura trata a la Biblia como si ella existiera para hacernos sentir mejor. Ya sea que encuentre algún tipo de asistencia mediante un libro devocional o busque el índice de tópicos en mi Biblia, yo tengo que afirmar que mi tiempo en la Palabra fue fructífero solo si puedo decir: «Vaya. Eso fue realmente reconfortante».

El problema: el acercamiento tipo droga ansiolítica convierte a la Biblia en un libro sobre mí. Yo pregunto cómo la Biblia puede servirme y no cómo yo puedo servir al Dios que ella proclama. En realidad, la Biblia no siempre nos hace sentir mejor. A menudo hace exactamente lo opuesto. (¿Te sientes increíble? Jeremías 17:9 afirma que somos personas perversas). Sí, hay consuelo en las páginas de la Escritura, pero es el contexto lo que hace que ese consuelo sea auténtico y duradero. Observa también que este enfoque garantiza que grandes secciones de nuestras Biblias permanecerán sin leer porque ellas no aportan una dosis inmediata de satisfacción emocional. Es muy probable que no leamos Levítico o Lamentaciones si adoptamos esta manera de leer la Biblia. Un acercamiento completo al estudio de la Biblia nos desafía a navegar todas las áreas de la Biblia, incluso aquellas que nos hacen sentir incómodas o que son difíciles de entender.

El acercamiento tipo *pinball*

Al no tener una preferencia o dirección sobre qué leer, leo cualquier pasaje de la Escritura que casualmente aparece. ¡Eh!, está todo bien, ¿verdad? Solo le pediré al Espíritu Santo que me hable a través de cualquier versículo que encuentre al voltear la página. Al soltar el resorte de mis buenas intenciones, sale disparada la bolita de mi ignorancia a toda velocidad hacia cualquier pasaje que pueda golpear, rebotando en varios pasajes «según guíe el Espíritu».

El problema: la Biblia no fue escrita para leerse de esa manera. Este acercamiento no se ocupa del contexto cultural, histórico o textual, la autoría o la intención original del pasaje en cuestión. No nos ayuda a comprender el texto más allá de nuestro contexto inmediato. Cuando leemos de esta manera, tratamos la Biblia con menos respeto del que le daríamos a un simple libro. Piensa en tratar de dominar el álgebra mediante la lectura al azar de cualquier párrafo en el libro de texto sobre el cual se posan tus ojos durante diez minutos cada día. De manera semejante a esa bolita de metal, pronto perderías el impulso (y fracasarías en álgebra). Un acercamiento balanceado al estudio de la Biblia toma en cuenta de qué manera un pasaje determinado se integra en el panorama general de todo lo que la Biblia tiene que decir y esto es posible al tomar en cuenta el contexto, la autoría, el estilo, etcétera.

El acercamiento de la «bola mágica 8»[1]

¿Conoces este juguete que contenía respuestas al azar? Cuando era una niña, me parecía que podía contestar incluso nuestras preguntas más difíciles. Pero, como soy adulta, ahora me pregunto si me debería casar con Pedro, buscar un nuevo trabajo o cambiar el color de mi pelo. Al igual que con la bola mágica, le doy una fuerte sacudida a mi Biblia y la abro. Coloco mi dedo a ciegas sobre un versículo, y entonces lo leo para ver si hay «señales que apuntan a un sí».

El problema: la Biblia no es mágica y no complace nuestros caprichos ni es su función primaria contestar nuestras preguntas. Este acercamiento malinterpreta el ministerio del Espíritu Santo a través de la Palabra y demanda que la Biblia nos declare *qué hacer* en vez de *quiénes ser.* Esto se acerca de manera peligrosa a la adivinación, por la cual las personas solían ser apedreadas. Así que, por favor, no usemos la Biblia como una «bola mágica 8». Un acercamiento equilibrado al estudio de la Biblia reconoce que ella está siempre más interesada en la persona que decide que en la decisión misma. Su objetivo es cambiar nuestros corazones para que deseemos lo que Dios desea en vez de darnos respuestas a cucharadas para cada decisión en la vida.

El acercamiento tipo asesor de compras
(también conocido como estudio temático de la Biblia)

Me gustaría saber cómo ser una mujer piadosa o cómo abordar temas sobre la autoestima, pero no sé dónde encontrar versículos sobre esos temas, entonces le permito a (inserta aquí el nombre de una famosa maestra de la Biblia) que los encuentre por mí. Ella, de una manera cautivante, selecciona versículos relevantes de todas partes de la Biblia y me los deja en la puerta de mi casa para que yo vea si se ajustan a mi medida.

El problema: este acercamiento no nos ayuda a «apropiarnos» de la Escritura. Muy parecido al acercamiento tipo *pinball*, rebotamos de un pasaje a otro y obtenemos un conocimiento fragmentado de muchos libros de la Biblia, pero no dominamos ninguno. Los estudios temáticos ofrecen la posibilidad de ayudarnos a crecer, pero nos arriesgamos un poco al llamarlos «estudios de la Biblia». Por ejemplo, llamar a un libro sobre imagen corporal un estudio bíblico implica que nos está enseñando un conocimiento práctico de la Escritura. Muchos estudios temáticos, incluso los buenos, no pueden con justicia hacer esta afirmación. Ellos tienen valor como un suplemento, pero no son un sustituto para estudiar la Biblia en su sentido más básico. Los estudios temáticos sirven para un propósito: nos ayudan a integrar los conceptos generales en nuestra comprensión de la Escritura. Pero no son esenciales. Si ellos son todo lo que estudiamos, perderemos la riqueza de aprender un libro de la Biblia de principio a fin. Un acercamiento equilibrado al estudio de la Biblia aborda un tema cuando aparece en la Escritura, en vez de asignar un pasaje a un tema. Esto le exige al estudiante que trabaje en el proceso del descubrimiento.

El acercamiento tipo juego del teléfono descompuesto

¿Recuerdas cuando jugabas al teléfono descompuesto? ¿Te sentabas en un círculo y susurrabas algo en el oído de la persona que estaba junto a ti? La diversión estaba al oír cuán confuso era el mensaje cuando terminaba de dar la vuelta al círculo. Un proceso similar puede suscitarse cuando leemos libros *sobre* la Biblia y no la Biblia misma. ¿Por qué? Porque los autores construyen sobre los escritos de otros. Esto no es malo; es realmente lógico. Pero es algo que una estudiante debe tener presente. Si prefiero leer lo que otros han escrito sobre la Biblia antes que leer la Biblia, quizás estoy leyendo lo que alguien dice sobre lo que alguien dice sobre lo que la Biblia dice. De la misma manera que con los estudios temáticos, los libros sobre la Biblia pueden ser útiles, pero no son esenciales. Si puedo citar a John Piper (un predicador reformado, evangelista, autor y escritor) más de lo que puedo citar al apóstol Pablo, es posible que haya estado practicando el acercamiento tipo teléfono descompuesto. Algunas veces, aun sin darme cuenta, puedo caer en este patrón. Esto se debe a que los libros sobre la Biblia no requieren tanto esfuerzo para entenderlos como la Biblia y suelen estar escritos por personas que parecen saber más en cuanto a la Biblia que lo que yo jamás sabré.

El problema: nosotras somos llamadas a amar al Señor nuestro Dios con toda *nuestra* mente, no con la mente de John Piper. A pesar de que lo que él y otros tienen que decir sobre la Biblia puede ser sumamente útil, no es un sustituto para nuestro propio estudio de la Biblia. ¿Por qué dedicar más tiempo a la lectura de un texto sacado de la Biblia que a la lectura de la misma Biblia? Nosotras obtendremos mucho más de John Piper si invertimos nuestro tiempo en el libro que él ama más que los demás. Un acercamiento balanceado al estudio de la Biblia reconoce que los libros sobre la Biblia, como los estudios temáticos, son un complemento para el estudio personal, no su sustituto. A menos que estemos avanzando en la alfabetización bíblica, su capacidad para ayudarnos será limitada. Cuanto más avancemos en nuestra alfabetización bíblica más útiles serán los complementos y comentarios.

El acercamiento tipo dieta selectiva

Yo tomo este acercamiento cuando soy muy selectiva con la Palabra de Dios. Leo el Nuevo Testamento, pero aparte de Salmos y Proverbios, evito el Antiguo Testamento o leo libros con personajes, tramas o tópicos que puedo identificar con facilidad. Las mujeres, en particular, parecemos interesadas en este acercamiento (¿alguien más que esté un poco agotada con Ester, Rut y Proverbios 31?), pero todas combatimos esta tentación hasta cierto punto.

El problema: toda la Escritura es inspirada por Dios y es útil. Toda ella lo es. Necesitamos una dieta balanceada para crecer hacia la madurez y por eso es tiempo de pasar al resto de la comida. Las mujeres necesitamos ejemplos masculinos y femeninos que nos lleven hacia la santidad. No podemos valorar por completo la dulzura del Nuevo Testamento sin lo salado del Antiguo Testamento. Necesitamos la narrativa histórica, la poesía, la literatura sapiencial, la ley, la profecía y todas las parábolas que nos muestran el carácter de Dios desde diferentes ángulos. Y necesitamos ver la historia del evangelio desde Génesis hasta Apocalipsis. Un acercamiento equilibrado al estudio de la Biblia nos desafía a aprender todo el consejo de la Palabra de Dios. Nos ayuda a edificar una comprensión general de cómo la Biblia, como un todo, habla de Dios.

* * *

¿Notas algo familiar en estos siete tipos de acercamientos? Reconocer un hábito perjudicial nunca es divertido, pero marca el comienzo de hacer cambios para mejorar. Yo puedo dar fe de haber practicado todos en un momento u otro en el camino por descubrir un mejor acercamiento. Confieso que escuchar los relatos de muchas otras mujeres que han usado las mismas estrategias me ha dado un poco de alivio, pero también fue frustrante saber que muchas de nosotras estamos en la misma situación. Si nunca se nos ha capacitado para ser buenas estudiantes de la Biblia, no debe sorprendernos que hayamos buscado maneras para improvisar. En todo caso, la prevalencia de estas prácticas quizás revela un punto ciego en la visión de la Iglesia para el discipulado, más que una falta de voluntad para aprender por parte del discípulo.

Romper con ciertos hábitos existentes es un trabajo duro, y solo aquellos que creen que el resultado final vale la pena pondrán todo su esfuerzo en terminar con esos malos hábitos. Debemos reconocer que una mejor manera nos está haciendo señas para que nos acerquemos. Debemos combinar nuestro deseo por aprender con un acercamiento que construya la alfabetización bíblica. Debemos aprender a estudiar de tal forma que no solo absorbamos las reflexiones de otro, sino que realmente estemos equipadas para interpretar y aplicar la Escritura por nuestra cuenta. Cada estudio que emprendamos debe hacer más que solo enseñarnos un libro de la Biblia; debería enseñarnos cómo estudiar cualquier libro de la Biblia con mucha más eficacia.

Por qué es importante la alfabetización bíblica

¿Tú crees en la importancia de recuperar la alfabetización bíblica? Permíteme sugerir una razón por la cual debes hacerlo: estar alfabetizada en la Biblia importa porque nos protege de caer en el error. Tanto el falso maestro como el humanista secular cuentan con la ignorancia bíblica para que sus mensajes echen raíces, y la iglesia moderna ha demostrado ser un suelo fértil para tales mensajes. Debido a que no conocemos nuestras Biblias es que quedamos desarmadas cuando nos cuestionan los aspectos más básicos de nuestra cosmovisión. El desencanto y la apatía corroen nuestras filas. Las mujeres, en particular, están dejando la Iglesia en números sin precedente.[2]

Cuando las mujeres son cada vez más negligentes en la búsqueda de la alfabetización bíblica, todos en su círculo de influencia son afectados. En vez de actuar como luz y sal, nos volvemos insípidas para los ambientes que habitamos y que moldeamos, y se hace imposible distinguirlos de aquellos que nunca han sido cambiados por el evangelio. La casa, la iglesia, la comunidad y el país necesitan con desesperación la influencia de mujeres que conozcan por qué creen lo que creen y cuya creencia esté anclada en la Palabra de Dios. Necesitan con desesperación la influencia de mujeres que amen profundamente y en forma activa al Dios proclamado en la Biblia.

Quizás has sentido que tu propio interés en la Biblia ha decaído y te preguntas por qué. Puedes haber cuestionado tu amor por Dios a causa de tu falta de deseo por conocer Su Palabra. Creo que una mujer que pierde el interés en su Biblia no ha sido equipada para amarla como debería. El Dios de la Biblia es demasiado hermoso para abandonarlo por ocupaciones menores. Es mi deseo que las mujeres en todas partes desarrollen un profundo y eterno amor por Él, mediante el estudio del texto que lo da a conocer.

Como muchos profesores, tengo un gusto particular por los acrósticos. Por lo tanto, en los capítulos siguientes, apelo a tu tolerancia mientras exploramos cómo valorar lo que he llamado las cinco P de un estudio sano de la Biblia:

Estudia con **propósito**
Estudia con **perspectiva**
Estudia con **paciencia**
Estudia mediante un **proceso**
Estudia con **plegaria** (oración)

A medida que nos movamos a través de estos cinco elementos, sin duda comenzarás a notar que la relación de uno con el otro no es por completo lineal. Edificaremos sobre cada uno conforme lo abordemos, pero el orden en que los discutiremos no quiere decir que uno es más importante que el otro. Consideraremos la importancia de la *plegaria* (oración) al final, aunque sin duda no es la que tiene el último lugar en nuestro acercamiento a las Escrituras ni es el último elemento que debemos practicar. Cada uno de estos cinco elementos apoya a los demás: nosotras pedimos mediante la *plegaria* (oración) *paciencia* para estudiar bien. La *perspectiva* y el *proceso* están entrelazados y dependen de tomar en cuenta el *propósito*. Al tener presente que todos son igualmente necesarios y que se relacionan entre sí, organizaremos nuestra discusión sobre ellos moviéndonos de lo general a lo específico.

Cada uno de estos elementos nos ayudará a crecer en la alfabetización bíblica y nos capacitará en el ejercicio de poner primero la mente y después el corazón, y de poner a Dios antes que a mí misma. Entonces, empecemos.

3

Estudia con propósito

¿No sabéis? ¿No habéis oído? ¿No os lo han anunciado
desde el principio? ¿No lo habéis entendido desde la
fundación de la tierra? Él es el que está sentado sobre
la redondez de la tierra.

Isa. 40:21-22a

Cuando era una niña pequeña, mi padre solía llevarnos a mis
hermanos y a mí a acampar. Al principio creí que hacíamos estas
excursiones porque a mi padre le gustaba la naturaleza. Pero a
medida que crecía, comencé a darme cuenta de que lo que mi
padre amaba más que cualquier otra cosa era una cómoda cama,
un techo sólido sobre su cabeza y el fácil acceso a las noticias de
la noche en la televisión. Me esforcé por tratar de comprender
cómo estos hechos se relacionaban con llevarnos a acampar. ¿Por
qué habíamos pasado fines de semana al aire libre y habíamos
comido de latas cuando mi padre no era un amante de las aven-
turas a cielo abierto? Cuando me convertí en madre, la razón
se hizo evidente: él no nos había llevado a acampar porque le
gustara, sino porque *nos* amaba. Cuando su propósito se hizo

claro para mí, su disposición a renunciar a las comodidades que disfrutaba por repelentes a los mosquitos y estacas de una tienda de campaña comenzaron a tener mucho sentido.

Todo buen esfuerzo debe ser hecho con un propósito. Sin una idea clara del propósito, nuestros esfuerzos por hacer algo bueno podrían fracasar. Pero con un propósito claro, tenemos muchas más probabilidades de perseverar. Ese, por cierto, es el caso con la edificación de la alfabetización bíblica: requiere esfuerzo edificarla, pero mantener un claro sentido del propósito nos sostiene en nuestra labor. ¿Cómo podemos comenzar a tener un propósito claro en la manera en que nos acercamos al estudio de la Biblia?

Podría parecer en extremo evidente afirmar que deberíamos estudiar la Biblia con un propósito. Por supuesto, todas tenemos algún propósito en mente cuando comenzamos a estudiar (señalamos unos pocos en el capítulo anterior: para hacernos sentir de cierta manera, para ayudarnos a tomar decisiones, para ayudarnos con el autoconocimiento). Pero nosotras queremos tener en cuenta el propósito que la Biblia busca que nosotras mismas tengamos cuando la abrimos. No debemos buscar ningún propósito menor.

Ya hemos considerado que la Biblia es un libro sobre Dios, pero ahora consideremos esa verdad en términos más específicos. De Génesis a Apocalipsis, la Biblia nos cuenta sobre el reino y el gobierno de Dios. Esta es la Gran Historia de la Biblia, el propósito por el cual fue escrita. Cada uno de los 66 libros contribuye a contarnos esa Gran Historia: una historia de la creación, la caída, la redención y la restauración. La Biblia de manera intencional nos cuenta esta Gran Historia en un millar de historias más pequeñas, desde la primera página hasta la última.

Resulta, entonces, que nuestro propósito al estudiar debe ser buscar esa Gran Historia cada vez que vamos a las Escrituras. Cuando estudiamos debemos preguntar no solo lo que quiere contarnos una porción determinada de la Escritura, sino cómo esa porción nos cuenta la Gran Historia de la Biblia como un todo. Estudiar la Biblia con un propósito significa tener en mente todo el tiempo su mensaje general, ya sea que estemos en el Antiguo Testamento o en el Nuevo, ya sea que estemos estudiando los profetas menores o los Evangelios. Para llevar a cabo esto, debemos tomar distancia de un libro o de algunos pasajes determinados y apreciar mejor y de manera amplia cómo contribuyen a revelar la Gran Historia.

Lo que me enseñó un boleto de avión

Adquirí una comprensión más clara de este principio de la Gran Historia durante unas vacaciones. En la mayoría de las vacaciones nuestra familia hace el viaje en automóvil de diez horas desde Dallas, Texas, a Santa Fe, Nuevo México, para pasar un tiempo con los abuelos. Nos hemos acostumbrado al viaje: paramos a tomar café en Wichita Falls, luego almorzamos en Amarillo y tomamos una merienda en Tucumcari. El paisaje durante el viaje algunas veces es espectacular y los chicos saben exactamente dónde les diré que dejen de hacer lo que están haciendo para disfrutar un obligado «momento con la naturaleza». Mi esposo es amante de los mapas y su fiel monólogo de los cambios topográficos en el paisaje es siempre un éxito:

«Estamos ahora en las planicies del sur...».

«Acabamos de entrar al Valle del río Rojo...».

«Aquí vamos subiendo en el Llano Estacado…».

«Estamos bajando a las mesetas…».

Siempre me ha maravillado que conozca estos detalles. Su maestro de geografía en la secundaria debería ser aplaudido en público por un trabajo bien hecho. El mío, por el contrario, no debería ni dar la cara: yo no conocía la topografía porque nunca me la enseñaron.

Así que no fue hasta que tuve motivos para volar a Santa Fe que comencé a comprender plenamente lo que mi esposo conocía. Cuando despegamos y nos dirigimos hacia el oeste, de repente me di cuenta de que estaba viendo que las planicies del sur se extendían bajo mis pies, cortadas por el Valle del río Rojo, acentuadas por el Llano Estacado. Vi las franjas de las mesetas extendiéndose hacia las montañas en el norte. Pude contemplar, desde esa vista aérea, la historia que solo había comprendido en parte. De repente todos los momentos espectaculares del viaje que se habían presentado de forma intermitente ahora se combinaban en un paisaje continuo e impresionante. La perspectiva que tuve en ese vuelo cambió para siempre la manera en que percibía el viaje en automóvil. Por el precio de un boleto de avión, mis niños obtuvieron no uno, sino dos padres discurseando sobre topografía durante diez horas cada vacación.

La Gran Historia de la Biblia

La Biblia tiene su propia topografía, su propio conjunto de «accidentes geográficos» que se combinan para formar un paisaje continuo e impresionante. Sin embargo, muchas de nosotras no hemos comprado el boleto de avión para entender sus contornos. Muchas de nosotras, después de años en la iglesia, no conocemos la topografía porque no se nos ha enseñado acerca de ella. Sabemos que estamos viendo algo hermoso en las páginas de la Escritura, pero no siempre sabemos si lo que estamos viendo encaja con el resto de la historia. Nuestra comprensión de la Escritura es una serie fragmentada de «momentos con la naturaleza» que nos conmueven a fondo, pero no necesariamente se conectan para revelar el panorama general.

Pero sin el panorama general, nosotras podemos tener solo una comprensión parcial de lo que cualquier fotografía instantánea intentaría contarnos. Desde Génesis hasta Apocalipsis, la Biblia nos cuenta sobre el reino y el gobierno de Dios. Su topografía habla de la creación, la caída, la redención y la restauración desde todas las perspectivas. La topografía de la Gran Historia está poblada con diferentes géneros literarios: narrativo histórico, poético, sapiencial, legal, profético, parabólico, epistolar; todos concurren para ampliar nuestra comprensión del reino y el gobierno de Dios en diferentes maneras.

La idea de una historia más grande que explica historias más pequeñas no es exclusiva de la Biblia. Los estudiosos la llaman *metanarrativa*, la explicación completa o tema principal que ilumina todos los demás temas en un texto. Una metanarrativa es por esencia una historia sobre historias, la cual incluye y explica las «historias más pequeñas» que engloba. La metanarrativa de *Lo que el viento se llevó* de Margaret Mitchell podría describirse como una historia de opresión, transformación e independencia. La gran historia de esa novela es contada desde diferentes ángulos a través de las historias individuales de los personajes del libro.

Ya que soy jardinera, no puedo evitar pensar de la metanarrativa en términos de jardinería. Al igual que la metanarrativa de la Biblia es una de creación-caída-redención-restauración, la metanarrativa del jardinero es la historia de invierno, primavera, verano y otoño. Cada planta y cada árbol de mi jardín cuenta su propia historia en las flores, los frutos y las hojas, pero cada historia señala hacia la gran historia del paso de las estaciones. Si yo no comprendiera las estaciones, no podría entender la razón por la cual mi árbol de repente está amarillo y no verde. Podría malinterpretar este cambio de color como una señal de enfermedad y no como un indicio del otoño. Esto es debido a que comprendo la metanarrativa de la jardinería. No busco tomates en mi tomatero en el invierno. Tampoco le pido a mi jazmín que florezca en el otoño. Puedo interpretar el comportamiento de mis plantas según las estaciones en que estamos y puedo ver indicios en ellas sobre qué parte de la metanarrativa de la jardinería viene a continuación.

Nuestra desconexión de la metanarrativa de la Biblia hará que, como el jardinero, no reconozcamos el cambio en el color de las hojas como una señal del otoño y pensemos que es una señal de enfermedad. Si no tenemos clara la Gran Historia, quizás tengamos dificultad para encontrar continuidad entre el Dios del Antiguo Testamento y el Dios del Nuevo Testamento. Quizás tenemos todo un problema para relacionarnos con el Antiguo Testamento. Es posible también que malinterpretemos el propósito o énfasis de una historia más pequeña porque la hemos visto separada de su relación con la Gran Historia.

Por lo tanto, considera cómo la metanarrativa de la creación-caída-redención-restauración sirve a la Gran Historia que orienta a todas las historias más pequeñas y provee la base para ellas. Desde la ventana del avión, podemos ver hacia abajo el paisaje de la Biblia y observar que la historia de la *creación* se introduce en Génesis 1-2: Dios crea todas las cosas para Su gloria de forma ordenada. Él crea al hombre a Su imagen. La *caída* se introduce en Génesis 3: el hombre trata de usurpar la autoridad de Dios, su relación con Dios se rompe, el cosmos se fractura. El tema de la *redención* se introduce enseguida en Génesis 3:15, con la promesa de salvación a través de Eva. En el resto del relato de Génesis y Éxodo, el plan para la redención toma la forma de un pueblo escogido por Dios, los descendientes de Abraham, la nación de Israel. El tema de la redención se examina en todo el resto del Antiguo Testamento desde varios ángulos, y se señala finalmente hacia la obra perfecta de redención de Cristo en la cruz, que se nos vuelve a contar en los Evangelios y se examina en las epístolas. El Nuevo Testamento refuerza y amplía nuestra comprensión de la redención, al asegurarnos que la salvación se ha logrado, al instarnos a buscar la santificación y al animarnos a esperar en la glorificación futura. En Apocalipsis, vemos la *restauración* del orden en el cosmos: Dios restablece el orden perfecto con la creación de un cielo nuevo y una Tierra nueva.

Conocer de qué manera un libro determinado de la Biblia se relaciona con la Gran Historia es importante, pero los elementos individuales del tema de la creación-caída-redención-restauración pueden también aparecer en las historias más pequeñas de la Biblia, en diversas combinaciones. Nuestra tarea es buscar estos temas al estudiar.

Cómo la metanarrativa moldea nuestra comprensión

Considera la historia de Noé en Génesis. Muchas de nosotras hemos aprendido la historia de Noé y el arca como una historia heroica de un hombre justo que construyó el arca como Dios había mandado y así se preservó la raza humana mediante su obediencia. Pero nota atentamente cómo la metanarrativa nos pide que leamos la historia más a fondo. Vista a la luz de la Gran Historia, la historia de Noé es una historia de re-*creación*, en la cual Dios devuelve a la Tierra su estado primordial de desorden y luego la reordena como lo hizo en Génesis 1. Él separa las aguas de la tierra seca, restaura la vegetación, repuebla su nueva creación y emite de nuevo el mandato de fructificar y multiplicarse. La historia de Noé es asimismo una historia de *redención*, en la cual Noé anuncia a Cristo. El siervo fiel de Dios está dispuesto a encerrarse en un arca (también se traduce *ataúd*) por Dios, pasa a través de las aguas de la destrucción y es llamado a la vida nueva. La historia de Noé es también una historia de la *caída*. Justo cuando estamos listas para proclamar a Noé perfecto en justicia, él se emborracha y descansa de forma vergonzosa desnudo en su tienda, lo que nos recuerda que solo un hombre es perfecto en justicia y capaz de salvarnos. La historia de Noé puede significar algo para nosotras aparte del punto de referencia de la Gran Historia, pero, cuando se relaciona con la Gran Historia, esta historia más pequeña asume la profundidad y la riqueza deseadas. En relación con la metanarrativa, la historia de Noé se define como una historia sobre Dios: Dios crea, Dios manda, Dios preserva la vida, Dios provee un libertador, solo Dios puede salvar.

También considera la parábola del buen samaritano a la luz de la metanarrativa. A menudo aprendemos esta historia como una historia de moralidad que nos desafía a ser buenos con otros, incluso cuando es inconveniente. Pero ¿cómo hacía Jesús referencia a la metanarrativa cuando elaboró esta historia? La del buen samaritano es una parábola que se hace eco de los temas de la *caída*, la *redención* y la *restauración*. Es la historia de un hombre rechazado por los judíos (el samaritano) que preserva la vida de un hombre que seguramente moriría sin su intervención (el hombre junto al camino). Este samaritano no tiene ninguna obligación de intervenir; sin embargo, lo hace a su propia costa, provee para el cuidado continuo del hombre desvalido y promete retornar para saldar cuentas. Visto en relación con la metanarrativa, la parábola del buen samaritano es una historia sobre Dios: Dios envía al Hijo para ser rechazado por su propia gente, para salvarnos de la muerte segura y para restaurar todas las cosas.

¿Estamos llamadas a ser como Noé? Sí. ¿Estamos llamadas a ser como el buen samaritano? Sí. Pero no solo porque ellos son ejemplos positivos para inspirarnos hacia la justicia. Estas historias señalan a Cristo. Nos señalan hacia la Gran Historia del reino y el gobierno de Dios, al invitarnos a vernos a nosotras mismas en relación con Él. El conocimiento de Dios y el conocimiento de uno mismo van de la mano: vemos la justicia de Cristo ilustrada en estas dos historias y respondemos al clamar que la gracia haga lo que Dios ha hecho por nosotras en Cristo: liberarnos del diluvio de Su ira y rescatarnos de una muerte segura.

Pero ¿qué pasa con aquellos libros o secciones de la Biblia que no son relatos o narraciones? La ley, la poesía, la literatura sapiencial y la profecía también hablan de la metanarrativa. Examinaremos cómo acercarnos a cada uno de estos géneros con mayor detalle en el capítulo 4, pero por ahora, estudiémoslos brevemente (y en general) a la luz de la metanarrativa de la creación-caída-redención-restauración:

Ley: la Biblia registra la ley de Dios por nosotros, de manera que entendamos nuestra necesidad de la *redención* mediante Cristo. También le muestra al creyente cómo obedecer a Dios al ilustrar Su carácter y llamarnos a ser conformadas a Su imagen, iniciando así el proceso de la *restauración* de la imagen de Dios que se perdió en la *caída*.

Poesía: la poesía de la Biblia incluye lamentos, bendiciones, himnos de alabanza y profecías. El lenguaje poético y las imágenes pueden ser usados por los autores de la Escritura para enfatizar o reforzar alguna parte de la metanarrativa. El Salmo 23 apunta a la *redención* y la *restauración*. La bien conocida respuesta de Dios al cuestionamiento de Job (30-40) apunta a la *creación* y la *caída*.

Literatura sapiencial: al igual que la ley, esta literatura tiene una manera de mostrarnos los vacíos en nuestra santificación y nos mueven a responder en obediencia. También, señala nuestra necesidad de *redención* y la obra continua de *restauración* en la vida del creyente.

Profecía: cuando estudiamos la profecía, aprendemos que Dios hace exactamente lo que declara que hará. Al observar el meticuloso cumplimiento de la profecía en el libro de Daniel o Isaías, se nos apunta hacia la certeza de que toda profecía que aún no se ha cumplido se cumplirá de forma precisa. La profecía señala a la metanarrativa, al decir: «la *redención* se ha logrado y la *restauración* es algo seguro».

¡Si solo fuera tan fácil aprender a conectar un pasaje de la Escritura con el panorama general de la metanarrativa como comprar un boleto de avión a Santa Fe! Identificar la metanarrativa al estudiar no es algo que se da sin esfuerzo: es una habilidad de estudio que requiere tiempo y práctica para adquirirla. Todas las nuevas habilidades requieren una curva de aprendizaje. Al comenzar a estudiar con un propósito, con la Gran Historia en mente, permítete una curva de aprendizaje mientras tus ojos se ajustan a esta nueva posición estratégica. Con el tiempo, mejorarás al integrar las áreas individuales de estudio y tendrás una comprensión general del propósito de Dios de Génesis a Apocalipsis.

4

Estudia con perspectiva

… Por eso todo escriba que se ha convertido en un discípulo del reino de los cielos es semejante al dueño de
casa que saca de su tesoro cosas nuevas y cosas viejas.

Mat. 13:52

Aprender a orientarnos hacia la metanarrativa de la Escritura nos
da un claro propósito para nuestro estudio: contemplar el reino y
el gobierno de Dios tal como se revela en Su Palabra, lo cual da
como resultado un mejor entendimiento de nuestro propio lugar
en la Gran Historia. Una vez que hemos determinado nuestro
propósito en términos generales, estamos listas para considerar
el segundo elemento para nuestro estudio de la Biblia: la perspectiva. Pasamos de preguntar: ¿«Cuál es el marco general de la
Biblia como un todo?» a «¿Cuál es el marco particular de esta
porción de la Escritura que estoy estudiando?».

Piensa de nuevo en mi viaje por la carretera a Santa Fe. Amarillo, Texas, está a mitad de camino, así que solemos parar allí
para comer un almuerzo rápido. Si nunca estuviste en la franja
más angosta de Texas (llamada Texas Panhandle), déjame decirte

que no es exactamente un jardín. Amarillo, en particular, apesta a gas metano a lo largo de casi ocho kilómetros (cinco millas) de autopista, a causa de unos corrales para ganado mal ubicados. La topografía es árida y plana. Si Amarillo fuera un libro de la Biblia, quizás se correspondería con Levítico: para aquellos que solo están de paso, es difícil imaginar por qué alguien querría detenerse. Pero si yo fuera a pasar un tiempo en Amarillo, descubriría que es un lugar con su propia cultura e historia, un lugar de ranchos ganaderos, de granjas eólicas, del Cañón de Palo Duro y el restaurante The Big Texan Steak Ranch (que ofrece el reto del bistec de 72 onzas que, si lo comes en una hora, te sale gratis). Cuanto más tiempo pase en Amarillo, más podría llegar a valorar esos tesoros locales y podría no querer irme nunca.

La Biblia es igual. No solo los 66 libros de la Biblia cuentan una gran historia, sino que cada uno de los 66 libros cuenta su propia historia, reflejando el carácter de Dios a través de unas lentes históricas y culturales determinadas. Estas lentes nos dan la perspectiva necesaria para entender un texto de manera correcta. Si nos tomamos el tiempo para aprender la perspectiva cultural e histórica de un libro de la Biblia, comprenderemos mejor cómo interpretarlo y valorarlo. Pero ¿cómo podemos aprender a estudiar con la perspectiva correcta? Para lograrlo, debemos convertirnos en arqueólogas.

Desenterrar la historia

La ciudad de Roma ha existido desde el siglo VIII a.C., una realidad de la cual sus ciudadanos modernos tienen plena conciencia. Si fueras dueña de una casa en la Roma moderna, la historia se interpondría en cualquier mejora a la vivienda que requiriera algún tipo de excavación. Esto se debe a que la Roma moderna está construida sobre la Roma antigua. Justo debajo de la superficie de esta ciudad bulliciosa yacen literalmente miles de templos, baños, edificios públicos y palacios que se han desvanecido de la vista, muchos de los cuales, en su mayor parte, están intactos.[1] Los romanos han construido encima de estructuras que existieron durante siglos, algunas veces llenándolas de tierra para convertirlas en una base apropiada para una nueva construcción. El resultado es una ciudad sobre una ciudad, con alguna antigua columna con capiteles que sobresale de un cimiento moderno y que sugiere lo que yace debajo. Los arqueólogos han mapeado meticulosamente esta *Roma subterránea*, «la Roma bajo el suelo», en un esfuerzo por preservar el registro de antigüedad que está desapareciendo, pues reconocen, con razón, su valor para el mundo moderno.

Por lo tanto, cuando un dueño de casa en la Roma moderna quiere hacer alguna renovación que requiere de excavación, casi sin excepción debe llamar a los arqueólogos.[2] Roma no permite que sus residentes excaven sin que consideren su rica y relevante historia. Todos los edificios modernos deben construirse con cuidado, reconociendo que sus habitantes actuales viven en un contexto que es mucho más grande que el corto período que ellos vivirán allí. Vivir en Roma significa rendir homenaje a sus habitantes originales, significa ocupar un espacio moderno mientras se mantiene una perspectiva del espacio antiguo. La tentación de hacer la propiedad de uno más habitable sin notificar a las autoridades correspondientes es bastante fuerte. El deseo de decir: «¿No puedo solo construir según mi gusto?» es muy grande. El pasado está allí para ser excavado, pero solo aquellos ciudadanos con un sentir de su pequeño sitio en la historia de Roma suelen acatar los estrictos códigos de construcción de la ciudad.

De la misma manera que los residentes modernos de Roma, los cristianos de hoy debemos manejar nuestras Biblias con una comprensión similar. Los cristianos modernos han heredado una fe que se edificó sobre los cimientos de lo que ha sucedido antes. Nosotras, también, debemos ocupar un espacio moderno mientras mantenemos una perspectiva de la antigüedad. Las primeras porciones de nuestro texto sagrado fueron escritas alrededor de 1500 a.C., en un lenguaje que nosotras no hablamos, para personas cuyas vidas eran muy diferentes de las nuestras. Sin embargo, muchas de nosotras escogemos construir nuestra moderna comprensión de la Escritura sin considerar el contexto cultural e histórico que yace debajo de su superficie, un contexto que es esencial para una comprensión y aplicación correctas de cualquier texto. La tentación de aplicar la Biblia a nuestra experiencia presente sin preservar sus vínculos con su audiencia original es bastante fuerte. El deseo de decir: «¿No puedo solo leer el texto como si fuera escrito para mí?» es muy fuerte. El contexto cultural e histórico de la Biblia está allí para ser excavado, pero solo aquellos creyentes con un sentido de su pequeño lugar en la historia de la redención suelen estar más dispuestos a excavar con diligencia.

Excavar para obtener perspectiva

No es sorprendente que la Biblia compare la adquisición de sabiduría con encontrar oro, plata y tesoros escondidos, los cuales requieren que se excave para obtenerlos. Excavar es trabajo duro, en especial cuando debe ser realizado con respeto al contexto

histórico y cultural. Vivimos en una época en que la Biblia es
considerada, por una gran mayoría, como un libro para nuestra
propia edificación, mediante el cual el Espíritu Santo revelará la
verdad a aquellos que estén dispuestos a prestarle atención unos
pocos minutos al día. Los músculos intelectuales que nuestros
antecesores de la fe usaron para excavar se han atrofiado en la
mente moderna. No muchas de nosotras estamos dispuestas a
llevar a cabo el duro trabajo de excavar; preferimos habitar en
una comprensión moderna de la Biblia sin ninguna consideración
por su audiencia original o su propósito, y adaptamos nuestra
lectura moderna para satisfacer nuestros propios fines. Debido
a que no tenemos ese sentir de cuán pequeñas somos en el gran
plan de la historia, somos rápidas para eludir la práctica sana
de «llamar a los arqueólogos» para que nos ayuden a excavar de
manera responsable cuando leemos y estudiamos. Necesitamos
la perspectiva de los antiguos, y esa perspectiva debe excavarse.

Los estudiosos llaman a este proceso de excavar el significado original de un pasaje *exégesis*. Cada una de nosotras es un
producto del tiempo y la cultura en que vivimos y, como tales,
llevamos ciertos prejuicios o inclinaciones a nuestra lectura de
la Escritura. Por eso, determinados pasajes pueden causarnos
gran dificultad la primera vez que los leemos, pasajes como,
bueno, básicamente todo el libro de Levítico. La exégesis nos
empuja hacia los límites de nuestro entendimiento personal de
la cultura y la historia, nos pide remontarnos a la época en que
un texto fue escrito y escucharlo con los oídos de sus oyentes
originales. La exégesis dice «antes de que puedas escucharlo
con tus propios oídos, escúchalo con los oídos de ellos; antes de
que lo entiendas hoy, entiéndelo como en aquel entonces». Nos

pide que asumamos la perspectiva del autor y su audiencia en su entorno original. La exégesis nos pide ser tan arqueólogas como podamos, y que solicitemos la ayuda de arqueólogos más capaces donde la necesitemos. Nos da la perspectiva que se requiere para interpretar la Escritura de forma apropiada. Esto se logra al hacerle cinco preguntas arqueológicas básicas a cualquier texto:

1. ¿Por quién fue escrito?
2. ¿Cuándo fue escrito?
3. ¿Para quién fue escrito?
4. ¿En qué estilo fue escrito?
5. ¿Por qué fue escrito?

Si sientes que estás de vuelta en la clase de español (o literatura) en la secundaria, eso es justamente cómo quiero que te sientas. Créelo o no: nosotras no tenemos que asistir al seminario para aprender a hacer exégesis de un texto. Es posible que nos hayan enseñado las habilidades en la secundaria. Parte de desmitificar el estudio de la Biblia es reconocer que los principios básicos de interpretación literaria se aplican a todos los libros, incluyendo la Biblia. Nuestra mayor dificultad con el estudio adecuado de la Biblia se puede originar en nuestra dificultad con la clase de español en la secundaria y nuestra reticencia para considerar la Biblia como literatura. Permíteme asegurarte dos cosas:

1. La Biblia no se degrada en absoluto al designarse como literatura.
2. Tu habilidad para entender la Biblia mejorará enormemente si la abordas como tal.

Llamar a la Biblia *literatura* es admitir con sencillez que ella comunica un mensaje a través de un autor humano a una audiencia humana mediante palabras. Según el diccionario, literatura es cualquier obra escrita «que atiende a la excelencia de forma o expresión y expresa ideas de interés permanente o universal».[3] La Biblia es al menos eso y mucho más. Pero entender la Biblia como literatura nos permite emplear herramientas básicas de excavación que aprendimos (o debimos haber aprendido) en la escuela.

Tal vez los años han empañado tu memoria de la clase de español, o tal vez tu clase ha sido dada por el entrenador de fútbol. Pero nunca es tarde para revisar estos principios básicos de interpretación que te ayudarán a estudiar la pieza más importante de literatura alguna vez escrita. Al formular las cinco simples preguntas arqueológicas sobre el texto antes de que comiences a leerlo, puedes de manera simultánea hacer realidad las esperanzas más añoradas de tu maestro de español en la secundaria y convertirte en una mejor estudiante de tu Biblia.

Abordemos de forma breve cada una de las cinco preguntas para entender cómo, al responderlas, causarán un impacto en nuestro estudio.

1. ¿Por quién fue escrito?

La mayoría de nosotras no lee un libro o un artículo sin tomar en cuenta su origen. Saber quién lo escribió nos ayuda a entender por qué un texto está escrito en una forma y no en otra, y nos ayuda a juzgar la credibilidad de lo que fue escrito. Con los autores bíblicos, la credibilidad no está en juego: llegamos al texto con el supuesto de que Dios dirigió a un determinado autor a escribir con total autoridad. Pero debido a que nos acercamos al texto con este supuesto, a veces olvidamos prestarle la debida atención al elemento humano de la autoría bíblica: Dios escogió a una persona determinada para escribir un libro determinado. ¿Cómo Su elección del autor influye en la manera en que interpretamos el libro? No siempre conocemos quién escribió un libro determinado de la Biblia, pero aun la ambigüedad en relación con el autor perfilará la manera en que leemos el texto.

Saber quién escribió la declaración de independencia de los Estados Unidos determina la manera en que leemos el documento. Saber, como estadounidense, que Jefferson, Adams y Franklin escribieron la Declaración de Independencia determina la manera en que leo el documento. Así también, saber que el medio hermano de Jesús escribió el libro de Santiago determina la manera en que leo la epístola. Reconocemos que Santiago escribió como alguien que tenía un conocimiento de primera mano sobre Jesús que otros no habrían tenido y con una perspectiva que ningún escritor podría pretender. No nos sorprende descubrir que su escrito repite tan de cerca las palabras del Sermón del monte. Saber que murió como un mártir nos obliga a tomar con seriedad sus palabras respecto a vivir nuestra fe.

2. ¿Cuándo fue escrito?

Nosotras fechamos un libro para ayudarnos a comprender cómo ese libro habría sido leído por su audiencia original, cómo habla de una manera particular a su momento en la historia, qué otros libros de la Biblia son sus contemporáneos y dónde cabe en la Gran Historia. No todos los libros pueden fecharse con precisión, pero muchos sí. En algunos casos, quizás en particular el libro de Apocalipsis, la fecha que un comentarista escoja como la más exacta puede influir mucho en su interpretación del texto.

Conocer la fecha aproximada en que un libro fue escrito nos ayuda a considerar los factores culturales que influyeron en su redacción. Junto con nuestra próxima pregunta arqueológica («¿Para quién fue escrito?»), fechar un libro nos permite examinar las estructuras sociales, las funciones de hombres y mujeres, los códigos legales, la geografía y las fuerzas políticas que rodeaban a la audiencia para la cual el libro fue originalmente escrito. Nos ayuda para comenzar a formular las preguntas correctas respecto a los supuestos subyacentes del autor sobre la adoración, el matrimonio, la familia, la idolatría, la esclavitud, la propiedad, los deberes cívicos, etcétera.

3. ¿Para quién fue escrito?

Cada libro de la Biblia fue escrito para una audiencia específica que vivió en el pasado. Estos oyentes originales vivieron en épocas y culturas muy diferentes de las nuestras. El mensaje de la Biblia trasciende a su audiencia original, pero no puede ser separado de ella. Como lo señalan atinadamente Gordon Fee y Douglas Stewart, «un texto no puede significar lo que nunca pudo haber significado para su autor o sus lectores».[4]

A muchas de nosotras se nos ha dicho que «la Biblia es una carta de amor para nosotras». En un sentido, lo es, pero como ya lo hemos considerado, ante todo, la Biblia es un libro sobre Dios. Cuando preguntamos: «¿Para quién fue escrito un libro?», ampliamos esta primera idea y afirmamos que «la Biblia es un libro sobre Dios, escrito para personas que vivieron en el pasado, y además escrito para nosotras». Así como no estudiaríamos a Platón o a Sócrates sin tomar en cuenta a su audiencia original, no podemos estudiar un texto de la Biblia sin tomar en cuenta a su audiencia original.

Muchas aplicaciones indebidas de la Escritura ocurren porque los cristianos modernos pasan por alto a la audiencia original de un texto. No todas las promesas hechas al Israel étnico se aplican al Israel espiritual (la Iglesia). No todas las instrucciones respecto a las personas y la propiedad se aplican a la cultura moderna. Debemos considerar las necesidades, los desafíos, las estructuras sociales y las creencias particulares de aquellos a quienes un autor inicialmente escribió si vamos a interpretar y aplicar de forma apropiada un pasaje. Antes de preguntar: «¿Qué me dice este texto a mí?», debemos preguntar: «¿Qué le dijo este texto a su audiencia original?».

4. ¿En qué estilo fue escrito?

En el capítulo 3 consideramos unos pocos de los diferentes estilos literarios que se encuentran en la Escritura a la luz de la metanarrativa. Cada libro de la Biblia utiliza uno o más de estos géneros para comunicar su mensaje. Nuestra habilidad para interpretar y aplicar con precisión un texto depende de lo bien que entendamos los matices de cada uno de estos géneros. Cada uno usa el lenguaje en diferentes formas.

La *narrativa histórica* usa el lenguaje para proveer un recuento fáctico de los eventos. Tiene la intención de que sea tomado en sentido literal. Conocer esto nos protege de leer los libros en este género como puro mito o alegoría. Entendemos que, ante todo, el registro del diluvio debe leerse como una historia. Esto no quiere decir que no contiene elementos alegóricos, pero que ese propósito alegórico es secundario al propósito de relatar un evento real.

Las *parábolas/narraciones de historias* usan personajes y ambientes cuidadosamente concebidos para enseñarnos una lección o ilustrar un punto. No todos los detalles de una parábola contribuyen al sentido general ni cada personaje representa a alguien o algo. Los personajes y los ambientes que pueden parecernos extraños serían fácilmente reconocibles a su audiencia original. Aprender a escuchar estas historias ricas en aspectos culturales como las habrían escuchado sus oyentes originales nos permite interpretarlas como es debido.

Los *códigos legales* en la Biblia a menudo usan un lenguaje vinculado con situaciones o relaciones tan alejadas de nuestra comprensión cultural actual que podemos sentirnos incapaces de entenderlos. En ocasiones, las leyes registradas son una lista parcial o representativa de un cuerpo legal completo que existió en otra parte en forma escrita, lo que provoca que el lector moderno se pregunte por qué solo determinados asuntos se abordan, mientras que otros aparentemente se dejan fuera. Es importante recordar que los códigos legales se registraron como directrices para las autoridades de gobierno, no para que los individuos administraran justicia en privado. El bien conocido código legal de «ojo por ojo» no le otorgaba permiso a un hombre para tomar represalias contra su vecino. Proveía una guía para que el juez dictara sentencia en un caso y así evitar que la parte perjudicada exigiera venganza (castigo de más) en vez de recibir lo que era equitativo (justicia).

La *poesía* en la Biblia, como en otras partes, usa el lenguaje de manera simbólica y metafórica para crear imágenes verbales. Cuando un salmista le pide a Dios que destruya totalmente a sus enemigos, podemos leer eso como una expresión poética de profundo dolor e ira, y no como una petición realmente aterradora. Cuando un autor expresa con gran entusiasmo que los dientes de su amada son como un rebaño de ovejas que vienen del lavado, entendemos que él pretende elogiarla por su sonrisa encantadora.

La *literatura sapiencial* usa el lenguaje para comunicar principios que son en general verdaderos, aunque no universales. Leer un proverbio como una promesa puede conducir a la angustia y la duda. Entenderlo como una regla general para la vida puede indicarnos cómo tomar decisiones sabias. El conocido proverbio «Enseña al niño el camino en que debe andar, y aun cuando sea viejo no se apartará de él» no promete que la crianza cristiana producirá hijos cristianos. Más bien, establece el sabio principio general de que un padre piadoso debe instruir a sus hijos en el camino de la santidad.

La *profecía*, así como la poesía, usa el lenguaje de maneras simbólicas. Colocar una profecía en su contexto histórico y cultural aclara aún más su uso del lenguaje. Cuando una profecía expresa que el sol, la luna y las estrellas caerán del cielo, podemos examinar este lenguaje según las reglas de este género y no asumir que un evento cósmico se ha anunciado de manera específica (aunque puede ser). Conocer que los paganos en las culturas antiguas adoraban al sol, la luna y las estrellas nos ayuda a entender mejor una profecía sobre el fin de los cuerpos celestes: la adoración de otras deidades cesará cuando la profecía se cumpla.

5. ¿Por qué fue escrito?

Cada autor escribe con un propósito específico en mente. Los autores de la Biblia no son la excepción; ellos escribieron para registrar la historia, para instruir, para amonestar, para inspirar, para reprender, para advertir y para animar. Escribieron para abordar las necesidades, las esperanzas o los temores de su audiencia a la luz del carácter de Dios. Nosotras podemos identificar la razón por la cual fue escrito un libro al considerar sus temas principales e ideas repetidas a la luz de su audiencia original y su contexto cultural e histórico. Conocer el propósito por el cual un texto fue escrito nos protege de leerlo de forma exclusiva para nuestros propios propósitos.

No te asustes

Aquí tenemos una buena noticia: nadie espera que sepas las respuestas a las cinco preguntas de memoria ni deberías esperar que el Espíritu Santo te revele las respuestas. Él las ha revelado al dotar a algunos dentro del cuerpo de creyentes con el deseo y la habilidad de encontrar esas respuestas a través del estudio diligente. Te está permitido conseguir ayuda con la arqueología.

Pero ¿a dónde debemos ir a pedir ayuda? Una Biblia de estudio confiable, como *La Biblia de las Américas: Biblia de estudio* (LBLA) o la *Biblia de estudio Holman* (RVR1960), resultará un indispensable punto de inicio. Además es una herramienta esencial para alguien que quiere comenzar a mejorar su alfabetización bíblica. Antes de empezar a leer un libro de la Biblia, lee el material introductorio en la Biblia de estudio. Pero, no solo lo leas, escribe las cinco preguntas que hemos planteado y anota las respuestas. Para el libro de Génesis, tus notas podrían ser algo así:

¿Por quién fue escrito?	La autoría se atribuye a Moisés, el libertador de Israel, legislador, juez. Quizás usó fuentes orales o escritas ya existentes para escribirlo.
¿Cuándo fue escrito?	En algún momento alrededor de 1400 a.C., durante el período de 40 años que vagaron por el desierto.
¿Para quién fue escrito?	Para los israelitas que salieron de Egipto, durante su tiempo en el desierto.
¿En qué estilo fue escrito?	En general, histórico narrativo. Algo de poesía y profecía.
¿Por qué fue escrito?	Para dar a la nación de Israel una historia y una norma de vida cuando entraran a Canaán. Para recordarles su pasado y prepararlos para su futuro.

Al escribir tú misma las preguntas y las respuestas, recordarás mejor lo que aprendiste del material introductorio. Es un paso extra, pero vale la pena el esfuerzo. Una Biblia de estudio no es el único lugar en el que puedes encontrar material introductorio: un comentario o un manual bíblico también son de ayuda. Discutiremos cómo escoger y usar las herramientas de estudio como Biblias o comentarios en el próximo capítulo. Por ahora, toma en cuenta que es saludable consultar más de una fuente para encontrar las respuestas a las cinco preguntas. Diferentes estudiosos las responden de diferentes maneras y no todos tienen la misma posición teológica. Consultar más de una fuente te ayuda a saber si estás respondiendo las cinco preguntas de la manera que las responden la mayoría de los estudiosos que tienen tu misma posición teológica.

Antiguo y moderno

Al igual que la ciudad de Roma, tu Biblia es una maravilla moderna ligada de forma inseparable a un contexto antiguo. Estudiar con perspectiva, hacer el trabajo duro de desenterrar el marco cultural e histórico de un texto, te brinda la posibilidad de leerlo de la manera en que su autor pretendía que se leyera. Tomar en cuenta el propósito original de un libro y valorar los géneros que utiliza te permite iniciar el proceso de la alfabetización bíblica con toda formalidad. Una vez que has desenterrado las respuestas a las cinco preguntas arqueológicas, estás lista para iniciar el proceso de aprender el texto, y trabajar de forma metódica para poner los tesoros antiguos en contextos modernos.

5

Estudia con paciencia

Pero la semilla [que cae] en la tierra buena, son los que
han oído la palabra con corazón recto y bueno, y la retienen, y dan fruto con su perseverancia.

Luc. 8:15

Hasta aquí, hemos considerado la importancia de estudiar con
un *propósito*: trabajar para colocar cualquier texto dentro de la
Gran Historia de la Biblia; y hemos considerado la importancia
de estudiar con *perspectiva*: trabajar para colocar cualquier texto en su contexto original, tanto cultural como histórico. Estos
primeros dos de los cinco elementos para un estudio sano de
la Biblia pueden requerir mucho más tiempo y esfuerzo que
el que le hemos dedicado a nuestro estudio en el pasado, pero
impactarán de forma dramática en nuestro entendimiento de lo
que leamos. Nos exigen más de nosotras como estudiantes de
lo que habríamos pensado dar, si nos valiéramos por nuestros
propios medios. El estudio de la Biblia, así como la mayoría de
las destrezas que tengan alguna utilidad, requieren disciplina.
Si has tenido que aprender alguna habilidad, tal vez recuerdes

la frustración que acompaña al aprendizaje, el sentimiento de incompetencia, la monotonía de repetir un proceso hasta que lo has aprendido, el fuerte deseo de renunciar o de encontrar un camino más fácil. Aprender a estudiar la Biblia presenta los mismos retos y sentimientos, por lo cual, nuestro tercer elemento del estudio sano de la Biblia es un recordatorio para dejar que el proceso de aprendizaje siga su curso. Además de estudiar con propósito y perspectiva, debemos estudiar con *paciencia*.

Aprendemos, desde muy temprano de nuestros padres y maestros, que la paciencia es una virtud. Podemos ver su valor al tratar con las personas o con las dificultades. Nos consta que aparece como número cuatro en el fruto del Espíritu (Gál. 5:22-23), pero no nos apresuramos a practicarla. Nuestra cultura piensa que la paciencia es una molestia y busca maneras para evitar que la practiquemos. Los programas de televisión resuelven los conflictos en 30 minutos o menos. Los restaurantes nos sirven la comida tan pronto como la estamos ordenando. Internet entrega todas y cada una de las compras que podamos concebir en menos de 48 horas. La música, los libros electrónicos y las películas están disponibles de forma instantánea. Los programas para perder peso ofrecen resultados inmediatos. El concepto de postergar la recompensa puede ser difícil de aprender y practicar en una cultura en la que la paciencia es opcional y se celebra la satisfacción inmediata de cada deseo.

Por eso es que no debe sorprendernos que el deseo de la gratificación instantánea se infiltre también en nuestro estudio de la Biblia. El exceso de material devocional disponible es un testimonio de nuestro amor por el paquete cuidadosamente envuelto: una reflexión espiritual acompañada con unos pocos versículos y uno o dos puntos de aplicación. Nos acercamos a nuestro «tiempo en la Palabra» como nos acercamos al autoservicio en McDonald´s: «Solo dispongo de unos minutos. Dame algo rápido y que me llene con facilidad».

Sin embargo, el estudio sano de la Biblia se basa en una celebración de la postergación de la recompensa. Adquirir alfabetización bíblica requiere que nuestro estudio tenga un efecto acumulativo, a través de las semanas, los meses y los años, de manera que la interrelación de una parte de la Escritura con otra se revele lentamente y con gracia, como el lienzo que cubre una obra maestra y se desliza centímetro a centímetro hasta mostrarla. La Biblia, por su naturaleza, no quiere ser dividida en 365 porciones. Tampoco quiere que se la reduzca a necedades, simplezas o medidas prácticas. Ella quiere introducir disonancia en tu reflexión, ampliando tu entendimiento. Quiere revelar un mosaico de la majestad de Dios un pasaje a la vez, un día a la vez y a través de la vida. Cueste lo que cueste, trae deseo y entusiasmo a tu tiempo de estudio. Sí, trae hambre. Pero, desde luego, trae paciencia; ven lista para estudiar a largo plazo.

Paciencia contigo misma

Séptimo grado fue el año en que comenzó el llanto. Sucedió con nuestro hijo mayor y nos tomó desprevenidos porque la escuela nunca había causado ese nivel de trastorno antes. Pero con la introducción de la clase de preálgebra, los cuatro chicos adoptaron un ritual, cada noche, de frustración y lágrimas. Jeff y yo desarrollamos un estribillo prestado de una película favorita de béisbol: «No se llora con las matemáticas».[1] Este se convirtió en el saludo de apertura de una continua tutoría nocturna en la cual desenredamos la confusión que se había hecho alrededor de la tarea de ese día, asegurándoles una vez más a los chicos que ellos tenían la capacidad para completar el trabajo. Así los guiábamos gentilmente a que con paciencia continuaran a través del material.

La primera vez que invocamos: «No se llora con las matemáticas» con completa calma a un sujeto irracional, este lloró aún más fuerte: *¡Ustedes no entienden! Estoy completamente perdido. Mi maestro hizo un mal trabajo al explicar el concepto. La clase es muy difícil. ¿Por qué no dejaron que me inscribiera mejor en «Senderos al aire libre»?*

Cuando nuestro hijo menor entró a séptimo grado, esa escena se desarrolló de manera diferente. Cuando el más joven de la familia se sentó a la mesa y se limpió las primeras lágrimas producidas por la frustración con las matemáticas, invoqué el tradicional estribillo: «Calvin, no se llora con las matemáticas». Antes de que pudiera esconderla, una sonrisa comenzó a aparecer en las comisuras de su boca. Calvin tenía la ventaja de saber cómo terminaba el séptimo grado. Habiendo visto a sus hermanos ir de las lágrimas a las sonrisas durante su propia aventura con las matemáticas en séptimo grado, él sabía que la frustración era una parte natural del proceso de aprendizaje. ¿Se lloraba con las matemáticas? A decir verdad, se lloraba mucho. Pero a la larga, Calvin había presenciado que la diligencia y la paciencia habían hecho lo suyo, ya que cada uno de sus hermanos había adquirido las habilidades necesarias para conquistar las matemáticas de séptimo grado y mucho más. Calvin podría sentirse perdido por el momento, pero el sentimiento no duraría. Para sentir la frustración del proceso de aprendizaje, él debía tomar su lugar entre sus hermanos que le habían antecedido. Sí, el lloriqueo duraría toda la noche, pero el gozo de entender sin duda vendría con esfuerzo y con el paso del tiempo.

Desearía que más mujeres entendieran esta perspectiva cuando se trata de aprender la Biblia. Ser una estudiante de cualquier asunto requiere esfuerzo: el proceso de lograr comprender no es fácil y a menudo puede ser frustrante. Según el tema, aprender puede ser ameno, pero no será sin esfuerzo. Aprender requiere trabajo. Esto se aplica a aprender la Biblia o a aprender álgebra. Nosotras pensamos que aprender la Biblia debería ser tan natural como respirar; si conocer la Palabra de Dios es tan bueno para nosotras, sin duda Él no nos dificultaría su entendimiento. Pero aprender la Biblia requiere disciplina y la disciplina es algo que no se da con naturalidad. Debido a que aprender la Biblia es una disciplina, la paciencia tendrá un papel imprescindible en nuestro progreso.

Muchas clases en las escuelas de mis hijos nunca les causarían lágrimas de frustración. Clases como «Senderos al aire libre» son divertidas; proporcionan nuevo conocimiento al estudiante, pero no amplían su entendimiento. Lograr comprender es más difícil que solo asimilar nuevos datos. Cuando leemos un periódico, no nos sentimos frustradas en nuestra habilidad para entenderlo. Esto se debe a que un periódico no tiene la intención de ampliar nuestro entendimiento: es un sistema de entrega de información. Aprender la Biblia es una búsqueda de conocimiento, pero también es, al fin y al cabo, una búsqueda de entendimiento. A diferencia de un periódico, la Biblia es mucho más que un sistema de entrega de información: su objetivo es moldear la manera en que pensamos. Esto significa que, con bastante frecuencia, podremos experimentar frustración cuando nos sentamos a leerla.

¿Esperas encontrar frustración cuando estudias la Biblia? ¿Cómo reaccionas a la disonancia que sientes cuando tu comprensión no está a la altura de un pasaje? Como adultas, ya no debemos ceñirnos a un programa de estudios solo porque el maestro o nuestros padres nos van a pedir que rindamos cuentas. Si nosotras cedemos a la impaciencia en el proceso de aprendizaje, tendemos a reaccionar en una de las siguientes dos maneras.

Nos rendimos. Estudiar la Biblia es demasiado confuso; muchas pensamos: «No estoy dotada para esta área», y nos movemos a aspectos de nuestra fe que se dan con más naturalidad. Dejamos que sermones, podcasts (transmisiones por Internet), libros o blogs sean nuestra única fuente de ingesta de la Biblia. Podemos leer la Biblia de forma devocional, pero asumimos que no estamos preparadas para aprenderla de una forma estructurada.

Buscamos un atajo. Al querer remover tan pronto como sea posible nuestra sensación de estar perdidas en un texto, después de leerlo corremos enseguida a las notas en nuestra Biblia de estudio o mantenemos cerca un comentario para consultarlo a las primeras señales de confusión. Gracias a Internet, la ayuda nunca está lejos. Si leemos algo complicado, no tenemos que llorar debido a la frustración: simplemente podemos leer lo que expresa la nota en nuestra Biblia de estudio o buscar la respuesta en Internet. Pero ¿tener la ayuda de interpretación disponible con tanta facilidad es tan útil como parece? O ¿terminaremos como aquellos chicos en la clase de español en la secundaria que nunca leyeron un libro porque la película o la versión resumida sobre determinado libro eran de más fácil acceso? En realidad, usar un atajo es apenas un poco mejor que renunciar, porque no honra el proceso de aprendizaje. Al correr para eliminar la disonancia del momento «yo no sé», disminuye incluso la eficacia del momento «eureka» del descubrimiento.

Cómo la paciencia promueve el aprendizaje

Nosotras amamos los «momentos eureka», esos momentos cuando algo que nos era confuso de repente tiene sentido. Lo que algunas veces ignoramos sobre los «momentos eureka» es que ocurren después de sentirnos perdidas durante un período de tiempo considerable. ¿Podría ser que sentirnos perdidas durante esos períodos nos estaba preparando para el entendimiento que con el tiempo íbamos a lograr? ¿Podría ser que sentirnos perdidas es una manera que Dios usa para humillarnos cuando venimos a Su Palabra, sabiendo que a su debido tiempo Él exaltará nuestro entendimiento?

Contrario a nuestra reacción instintiva, sentirse perdida o confundida no es una mala señal para una estudiante. Es, en realidad, una señal de que nuestro entendimiento es cuestionado y que el aprendizaje está a punto de tener lugar. Aceptar la disonancia de sentirse perdida, en vez de evitarla (renunciar) u opacarla (buscar un atajo), nos colocará en la mejor posición posible para aprender. Debemos darnos el permiso de perdernos y tener paciencia para encontrar nuestro camino al entendimiento.

Hace algunos años me mudé de Houston a Dallas. Habiendo vivido en Houston durante trece años, podía manejar por las calles con soltura. Ya que no tenía idea de cómo desplazarme por Dallas, usé un GPS para ir a donde necesitara. Era una sensación fantástica poder trazar un mapa hacia mi destino de forma inmediata y sin saber casi nada de la ciudad. Yo nunca me sentí perdida o perdí tiempo deambulando por calles equivocadas.

Pero pasados tres años, yo aún no sabía orientarme en Dallas sin ese GPS. Si se moría la batería o lo dejaba en casa, estaba en dificultades. Luego sucedió otra cosa extraña: hice un viaje de regreso a Houston. En una ciudad que conocía bien, descubrí que mi GPS no siempre escogía la ruta más razonable. Todavía hablaba con el mismo tono de autoridad que usaba en Dallas, pero pude notar que estaba escogiendo una ruta que no era la más directa.

Cuando regresé a Dallas, sabía lo que tenía que hacer: tenía que darme el lujo de perderme. Tenía que deambular un poco, planear más tiempo de viaje, pasarme algunas salidas y tomar virajes equivocados para aprender por mí misma las rutas que mi GPS me había dado de a cucharadas. ¿Adivina qué? Aprendí mejores rutas.

Esta es la misma lección que he aprendido sobre la ayuda de fácil acceso respecto a comentarios y Biblias de estudio. Si no soy cuidadosa, estas ayudas pueden enmascarar mi ignorancia de la Escritura y darme la falsa sensación de que sé orientarme entre sus páginas. No me esfuerzo por lograr entender, porque en el momento en que encuentro un pasaje difícil, enseguida resuelvo mi incomodidad de sentirme perdida ojeando las notas o buscando una respuesta en un comentario. Y al escuchar su tono de autoridad, puedo olvidar que son solo palabras de hombres, una opinión educada, útil, pero no infalible.

En pocas palabras, si nunca me permito perderme, nunca dejaré que el proceso de aprendizaje tome su curso. Si nunca lucho por interpretar por mi cuenta, podría aceptar al pie de la letra cualquier interpretación que me den. Y tomar esa ruta es peligroso.

Mi intención no es cuestionar el valor de un comentario. Un buen comentario es invaluable para la estudiante de la Biblia. Mi intención es cuestionar su lugar en el proceso de aprendizaje. A menos que lo consultemos *después* de esforzarnos por comprender e interpretar por nuestra cuenta, nosotras tenderemos a admitir por completo su razonamiento. El problema no es con nuestras Biblias de estudio o comentarios; el problema es con nuestra necesidad de una gratificación instantánea y nuestra aversión a sentirnos perdidas. Los comentarios tienen un lugar pertinente en el proceso de aprendizaje, como veremos en nuestro próximo capítulo. Sin embargo, ese lugar no está al inicio del proceso de aprendizaje, donde ellos pueden disminuir nuestra sensación de estar perdidas, un sentir que es, en realidad, nuestro amigo.

El efecto acumulativo del estudio paciente

Estudiar con paciencia requiere adoptar una visión a largo plazo. Permitirte perderte en un texto significa que habrá días cuando tu tiempo de estudio te deje más confundida de lo que estabas cuando comenzaste. Para aquellas de nosotras que estamos acostumbradas a tener un tiempo devocional que nos inspira al comenzar nuestro día, dejar que la disonancia persista y nos empuje a un estudio más a fondo será difícil. Quizás no encontremos un punto de aplicación al final de cada tiempo de estudio y estaremos tentadas a pensar que, si no lo logramos, nuestro tiempo no ha sido de provecho. Pero no podríamos estar más equivocadas.

Durante años consideré mi interacción con la Biblia como una cuenta de débito: yo tenía una necesidad, así que iba a la Biblia para sacar una respuesta. Sin embargo, será mucho mejor si consideramos nuestra interacción con la Biblia como una cuenta de ahorro: yo amplío mi entendimiento cada día, deposito lo que recojo y con paciencia espero que crezca en valor, porque sé que un día necesitaré hacer algún retiro. El estudio de la Biblia es una inversión con rentabilidad a largo plazo. En vez de leer un texto específico para satisfacer una necesidad inmediata, permite que los beneficios de tu estudio sean guardados para un uso futuro. ¿Qué sucede si el pasaje que estás tratando de entender hoy de pronto tiene sentido para ti cuando más lo necesitas, dentro de diez años? Se ha dicho que sobreestimamos lo que podemos lograr en un año y subestimamos lo que podemos lograr en diez. ¿Estás dispuesta a invertir diez años en esperar para entender? ¿Estás dispuesta a esperar una década para que surja un punto de aplicación? Cobra ánimo porque estás acumulando un tesoro, incluso si no lo ves o no lo sientes en el corto plazo.

Esto no significa que no tendrás beneficios a corto plazo de tu estudio. Habrá beneficios. Mi hijo no tendrá que completar estudios superiores en matemáticas para comenzar a gozar los beneficios de haber dominado las matemáticas de séptimo grado. Sin embargo, las matemáticas de séptimo grado son una inversión a largo plazo en su habilidad de comprender niveles superiores de entendimiento. Estudiar el libro de Santiago puede mostrarme enseguida los beneficios de ser pronta para escuchar, tarda para hablar, y lenta para enojarme. Pero los años siguientes, sin duda, escribirán estas lecciones más y más profundo en mi corazón.

Paciencia con las circunstancias

Si yo fuera tú, quizás estaría irritada conmigo misma en este momento. Puedes estar pensando: «Me gustaría tener paciencia con el proceso de aprendizaje, pero exactamente ¿cuándo se supone que encuentre el tiempo para *comenzar* un proceso de aprendizaje, mucho menos para comenzar a emprenderlo pacientemente?». Las mujeres no siempre pueden confiar en que la vida les va a dar una amplia oportunidad de estudiar la Biblia. Un nuevo trabajo, una joven familia, un padre de edad avanzada que necesita cuidados, un sinfín de circunstancias nos pueden marcar el comienzo de una época en que el tiempo con nuestras Biblias ocurre en momentos robados a intervalos irregulares.

Para mí, estas épocas, algunas veces, han durado años, y los sermones y los podcasts fueron un salvavidas. Tener un grupo estructurado de estudio al cual acudir me ayudó a mantenerme en contacto con la Biblia, pero algunos meses incluso eso fue demasiada carga. Algunas temporadas, solo mantener el cuerpo y el alma juntos para mí y mi familia parecía ocupar casi cada momento del día. Yo no considero esos meses perdidos o retrocesos en mi crecimiento. Fueron tiempos para ejercitar la paciencia, no con un aprendizaje activo de la Escritura, sino con un esperar en el Señor. Ellos profundizaron mi deseo por estudiar. Algunos de los momentos más fructíferos en la enseñanza y la Escritura se produjeron justo después de ese período de espera.

Si alguna circunstancia hace difícil para ti apartar un tiempo regular para el estudio, ya sea con un grupo o como un esfuerzo personal, por favor escucha esto: está bien. Dale al Señor lo que puedas y confía en que Él honrará tu fidelidad en las cosas pequeñas. Confía en que el Señor conoce tus circunstancias mejor que tú y que Él ve tu deseo de aprender y crecer. Confía en que estos tiempos están siendo usados para que madures, para enseñarte que es un privilegio poder dedicarte a aprender, estudiar y escribir más profundo en tu corazón las verdades que ya has aprendido.

Paciencia y productividad

La primera parábola que Jesús contó a Sus discípulos habla acerca de la paciencia y la productividad. Si has pasado tiempo en la iglesia, lo más seguro es que estés familiarizada con ella. Jesús describe a un sembrador que salió a sembrar su semilla. La semilla cae en diferentes lugares donde no puede crecer bien, pero al fin, una cae en suelo fértil, donde produjo una maravillosa cosecha. Presta atención a la interpretación que da Jesús para este momento climático en la parábola: «Pero la semilla [que cae] en la tierra buena, son los que han oído la palabra con corazón recto y bueno, y la retienen, y dan fruto con su perseverancia» (Luc. 8:15).

Cuando mis hijos eran pequeños, les encantaban las historias de *Frog and Toad* [Sapo y Sepo] por Arnold Lobel. En una de ellas, Toad planta semillas para crear un jardín. Puesto que nunca antes se ha dedicado a la jardinería, él está atento a que sus semillas retoñen tan pronto como las ha sembrado y espera que de manera instantánea aparezca un jardín. Toca el violín para ellas, les canta. Les lee historias y poemas. Después de cada intento por ayudar en el proceso, grita: «¡Ahora semillas, comiencen a crecer!». En su debido tiempo, según su propio tiempo, ellas hacen exactamente eso.

A diferencia de Toad en el cuento de Lobel, el sembrador en la parábola de Jesús no muestra estar ansioso por sus semillas. Los hijos de Dios tienen corazones de suelo fértil. Podemos escuchar y recibir la Palabra y, cuando la paciencia haya hecho su trabajo, dará mucho fruto. Sé paciente cuando practiques la disciplina del sano estudio de la Biblia. Permite que la semilla de la Palabra germine y crezca según el buen tiempo de Dios, y confía en que una milagrosa cosecha se producirá en su debido momento.

6

Estudia mediante
un proceso

Ordena tus labores de fuera, y tenlas listas para ti en el
campo; y después edifica tu casa.

Prov. 24:27

Hemos estado aprendiendo a edificar la alfabetización bíblica
a través del estudio con *propósito*, *perspectiva* y *paciencia*. Pero,
como en todo proyecto de construcción, se necesita un *proceso*.

El proceso que voy a bosquejar aquí es diferente de lo que tú
posiblemente has encontrado en los estudios bíblicos «empaca-
dos». Muchos estudios te piden que leas una porción de la Biblia
y que reflexiones, y después te ofrecen su propia interpretación
y aplicación. El proceso que quiero presentarte te pide a ti, la
estudiante, que hagas la tarea no solo de leer, sino también de
apropiarte del texto, para que luego hagas un intento de interpretarlo y aplicarlo por ti misma. Después de que lo hayas hecho,
este proceso te orientará a mirar las opiniones y los estudios
académicos de otros para tu ayuda.

Soy una persona bastante creativa. Prefiero hacer las cosas libremente sin seguir un método. Me gusta tocar el piano de oído y no leyendo la música. Cuando hago costuras no me guío por un patrón, al plantar flores no sigo un orden ni las dejo a la misma distancia, y cuando cocino no mido las cantidades en las recetas. No debería sorprenderte que mis resultados puedan tener un poco de imprevisibilidad.

Mi esposo Jeff, al contrario, es un experto en seguir procesos. Él viene de una familia que todo lo hace siguiendo un proceso. Hacen las cosas de la manera correcta por la pura satisfacción de hacerlas así. Hay una manera correcta de hacer cualquier cosa que necesite ser hecha. La familia Wilkin sabe cuál es la forma y lo hacen exactamente así, sin importar cuán difícil sea o cuánto tiempo requiera. Hay una manera correcta de doblar las toallas, de organizar la despensa, de cortar las orillas del césped y hasta de limpiar una brocha. Cariñosamente la llamo «la manera de los Wilkin». A toda mi familia y a mí, que doblamos torcidas las toallas, que preferimos comprar una nueva brocha en lugar de lavar la usada, «la manera de los Wilkin» nos parece magnífica e incomprensible.

Digamos que los primeros años de mi matrimonio me proveyeron una oportunidad para aprender y crecer.

Quisiera pensar que Jeff ha aprendido a apreciar los resultados inesperados y el impredecible genio con el que he contribuido a las comidas, los disfraces para ciertas celebraciones y los triunfos ocasionales que he tenido en la jardinería. Yo, por mi parte, he aprendido a valorar la importancia de seguir un proceso. He visto cómo «la manera de los Wilkin» da como resultado un bello mueble restaurado, habitaciones meticulosamente pintadas, un césped inmaculadamente recortado y una carne a la parrilla que te podría hacer llorar de gusto.

El mundo necesita de ambos: personas creativas que no siguen un orden y aquellas que construyen impulsadas por un proceso. Cada uno aporta sus fortalezas al cuerpo de creyentes. Pero la alfabetización bíblica es más parecida a un proyecto de construcción que a un proyecto de arte. Si estuvieras construyendo una casa, contratarías a un constructor que sigue un proceso y no a alguien que piense que las normas de construcción son «excelentes sugerencias». Quisieras a un constructor que siga «la manera de pensar de los Wilkin». Esa es la manera que tú y yo debemos seguir si es que queremos crecer en la alfabetización bíblica. Debemos ser de aquellas que construimos el cimiento sobre la roca sólida, con una mente que se compromete a seguir un proceso, en lugar de edificar en las arenas movedizas de la subjetividad de «lo que este versículo significa para mí».

¿Cómo debemos construir nuestro entendimiento de las Escrituras? ¿Qué proceso ordenado debemos seguir? Un buen constructor de la alfabetización bíblica sigue un proceso de aprendizaje a través de tres etapas de entendimiento: *comprensión*, *interpretación* y *aplicación*. Cada una de las tres etapas busca responder una pregunta específica sobre el texto.

1. La *comprensión* pregunta: «¿Qué dice?».
2. La *interpretación* pregunta: «¿Qué significa?».
3. La *aplicación* pregunta: «¿Cómo debería cambiarme?».

En realidad, en nuestra vida diaria, nos movemos a través de estas etapas de una manera intuitiva; las usamos todo el tiempo para procesar información. Cualquiera que se despierta al sonido de una alarma, se ha movido de la comprensión a la interpretación y a la aplicación:

- Mientras estamos en un profundo sueño, nos percatamos de un sonido. Al inicio nuestro cerebro puede ignorar ese sonido o puede incorporarlo en cualquier sueño que estemos teniendo. Al repetirse el sonido, nuestro cerebro reconoce «mi alarma se va a apagar». Hemos *comprendido* el sonido. Sabemos que no se trata de otro tipo de alarma y que tampoco es parte de un sueño: es nuestra alarma.

- Una vez que nos damos cuenta de que estamos oyendo nuestra alarma, nuestro cerebro *interpreta* su significado: «Son las 7:00 a. m.».

- Entonces, *aplicamos* lo que nuestro somnoliento cerebro ha comprendido e interpretado: «Es tiempo de que me levante e inicie mi día».

En este simple ejemplo de la vida diaria, nos movemos de la comprensión a la interpretación y a la aplicación con tal rapidez que es probable que no seamos conscientes de que las dos primeras etapas han ocurrido. Con el estudio de la Biblia, cada etapa requiere un esfuerzo intencional y tiempo. Observa también que cada etapa funciona dentro del marco que hemos establecido: el propósito, la perspectiva y la paciencia.

- Necesitamos reflexionar sobre el propósito de nuestro estudio y debemos permitir que las tres etapas nos ayuden a colocar nuestro texto dentro de la Gran Historia.

- Necesitamos utilizar la perspectiva de nuestras cinco preguntas arqueológicas para que nos ayuden con nuestra comprensión e interpretación.
- Necesitamos recurrir a nuestra paciencia, como discutimos en el capítulo anterior, para resistir al deseo de correr directamente a la aplicación.

Ahora consideremos cómo cada una de las tres etapas funciona en el contexto del estudio de la Biblia como un proceso ordenado para construir la alfabetización bíblica.

1.ª etapa: la comprensión, «¿qué dice?»

La etapa de la comprensión es quizás la más descuidada y malentendida por las estudiantes de la Biblia, principalmente porque asumimos que leer un texto y absorber un sentido de su mensaje equivale a comprenderlo. A causa de este concepto erróneo, dedicaremos un buen tiempo a discutir sobre la comprensión y cómo lograrla. Si has leído otros libros que traten sobre cómo estudiar la Biblia, tal vez has oído que el primer paso en el proceso de aprendizaje es la «observación» y no la «comprensión». Creo que la *comprensión* capta mejor lo que queremos lograr. La observación puede ser subjetiva y podría implicar una ojeada casual, a través de la cual saco los detalles o pensamientos que me parezcan significativos mientras leo. La comprensión, por otro lado, es más objetiva. Busca decir con determinación qué fue lo que el autor original *pretendía* que yo notara o preguntara.

¿Te acuerdas de la sección de comprensión de lectura en los exámenes de admisión para la universidad? En general, esa sección contenía largas lecturas seguidas de preguntas para comprobar tu conocimiento sobre lo que acababas de leer. El objetivo de esas preguntas era obligarte a ver los detalles al leer. Así es como debemos iniciar el estudio de un texto. Preguntarnos qué es lo que dice es una tarea difícil y requiere que vayamos despacio cuando leemos. Una persona que comprende la narración de los seis días de la creación que aparece en Génesis 1 puede indicarte de modo específico qué ocurrió cada día. El primer paso en la comprensión de lo que expresa el texto nos lleva a poder ser capaces de interpretar y aplicar la historia de la creación a nuestras vidas.

Un buen constructor utiliza buenas herramientas. ¿Cuáles serían unas buenas herramientas que podríamos usar para iniciar a construir la comprensión de un pasaje? Sugeriré seis:

1. Ten una copia impresa del texto

Si pudieras ver los libros en mis estanterías, no te tomaría mucho tiempo darte cuenta de cuáles son los que uso más. El lomo gastado podría ser tu primera pista, pero al pasar las páginas rápidamente te revelaría cuáles son mis favoritos: los márgenes están llenos de notas, los párrafos que me gustan están marcados, las frases hermosas están subrayadas, las ideas con las que estoy en desacuerdo están marcadas con una gran equis y mi propia respuesta. Pero, si abrieras mi Biblia, verías las páginas limpias, ninguna anotación en absoluto. ¿Por qué no hago notas en el libro más importante que tengo? Porque no hay suficiente espacio.

Nunca podrás marcar, como deberían ser marcadas, esas Biblias con las orillas doradas, letras pequeñas y hojas finas. Cuando empieces el estudio de un texto, imprime una copia a doble espacio, con letra en tamaño doce, en un papel bonito y grueso. Imprímela de manera que te permita tener el espacio y la libertad para marcar las palabras, las frases o las ideas repetidas e incluso que puedas escribir al margen: «¿¿¿qué SIGNIFICA esto???» en letras rojas gigantes. Imprímela de manera que puedas hacer notas como lo haría una verdadera estudiante. Date el gusto de comprar un bonito juego de lápices de colores y un marcador nuevo mientras estás estudiando. Hablaré más sobre esto en un momento.

Usar tu propia copia impresa del texto para el paso de la comprensión te ayudará a resistir el deseo de ojear las notas en tu Biblia de estudio. Puedes imprimir tu copia con las referencias cruzadas incluidas. Las usaremos.

2. Lee varias veces

Ahora que tienes una copia del texto que puedes marcar, estás lista para empezar a leer varias veces. La distancia histórica, cultural y lingüística que existe entre la Biblia y sus lectores modernos hace que la lectura repetitiva sea una herramienta importante en nuestro intento por comprenderla. Dicho de manera sencilla, con la primera lectura es probable que no vayamos a captar lo que el autor quiso comunicar. El primer paso para comprender un texto es leerlo varias veces, de principio a fin. No podríamos esperar que con una sola lectura de una escena de *El rey Lear* de Shakespeare logremos una clara comprensión de la misma. Tampoco podríamos esperarlo con la Biblia. Equipadas con el contexto histórico y cultural (al haber leído el material introductorio en una Biblia de estudio y haber respondido las cinco preguntas arqueológicas), comencemos a leer tratando de oír el texto con los oídos de sus oyentes originales.

¿Cuántas veces debemos leer un texto? Tantas veces como necesitemos. Cuando estudiamos un libro corto de la Biblia, les pido a las mujeres en mis estudios que lean todo el libro cada semana antes de comenzar a enfocarse en el pasaje específico que estaremos estudiando. Esto significa que, cuando terminemos el estudio de la epístola de Santiago, la habrán leído por lo menos once veces. Cuando se trata de libros más largos, es usual y suficiente leer el libro completo dos o tres veces antes de incorporar las otras herramientas para la comprensión. Debes ser honesta sobre cuál es tu nivel de habilidad en la lectura. Si eres nueva leyendo la Biblia para comprenderla, podrías necesitar leerla más veces que alguien que ya ha utilizado esta herramienta durante más tiempo.

La lectura repetitiva ofrece a la estudiante dos beneficios principales: memorización de la Escritura y familiaridad general con el texto. Para aquellas de nosotras a las que no nos gusta memorizar la Escritura, la lectura repetitiva es una manera excelente de interiorizar las palabras. Yo lo llamo el «método del perezoso» para memorizar la Escritura. Pero, por supuesto, en realidad no es perezoso en absoluto, es intuitivo. La repetición es el primer método de aprendizaje que utilizamos cuando niños; así es como aprendemos a hablar, a recitar nuestra lealtad a la patria y a citar las frases favoritas de las películas. Leer varias veces nos ayuda a memorizar la Escritura de la mejor manera posible, dentro de su contexto original. Puede ser que no memoricemos un pasaje completo, pero los versículos que comiencen a alojarse en nuestra memoria formarán parte de nuestra comprensión más amplia de todo el libro que estamos leyendo. Cada vez que memorizamos un versículo sin saber qué le antecede o qué le sigue, corremos el riesgo de aplicarlo incorrectamente.

Por último, logramos familiaridad con el texto al leerlo varias veces. Cuanto más leemos a través de un libro o de un pasaje extenso, más nos revela su estructura general y sus temas, lo cual nos permite utilizar el siguiente recurso de nuestra caja de herramientas para la comprensión: bosquejar. Recuerda que hemos leído varias veces al principio de nuestro estudio para lograr un sentido *general* del texto: este es el inicio de la comprensión. La lectura repetida no requiere que agonicemos sobre el significado o la búsqueda de maneras de aplicar la verdad. Nos sirve como una introducción, como las primeras tres o cuatro conversaciones que tuvimos con una nueva amiga.

3. Haz anotaciones
Después de la primera leída total del texto, empieza marcando tu copia del texto en las siguientes lecturas, así tendrás una mejor idea de lo que dice.

- ¿Se repiten ciertas palabras, frases o ideas? Usa tus lápices de colores y márcalas claramente en tu copia impresa. Puedes desarrollar el sistema de anotaciones que te guste: círculos, cuadrados, diferentes formas de subrayar o símbolos. Solo debes ser consistente y hacer lo que funcione para ti.
- ¿Hay algún atributo de Dios que es ilustrado o celebrado? Escríbelo al margen.
- ¿Presenta el texto varios puntos uno tras otro? Enuméralos en el orden en que aparecen.

- ¿Hay palabras que no entiendes? Márcalas con un signo de interrogación, de manera que puedas buscar su definición.

- ¿Hay palabras o frases claves de transición tales como *si, entonces, por lo tanto, asimismo, pero, porque, de la misma manera?* Dibuja una flecha que conecte una conclusión con el argumento inicial.

- ¿Se trata de una idea confusa? Escribe tu pregunta al margen para abordarla más tarde.

4. Ten a mano un diccionario de español

Usa un diccionario de español para buscar las palabras que no entiendes, o incluso palabras familiares que merecen un examen más detallado. Sí, puede tratarse de un diccionario sencillo o puedes utilizar el Diccionario de la lengua española (RAE) en Internet. ¿Podrías usar un léxico de hebreo-griego-español?[1] Podrías, si sabes lo que estás haciendo. Muchas de nosotras no sabemos, pero el diccionario de español puede sernos de gran ayuda. Los traductores de la Biblia escogen las palabras con mucho cuidado. Nuestra comprensión de lo que dice el texto puede mejorar solo por buscar las palabras difíciles en el diccionario. Una de las maneras más comunes como nos apresuramos a través de la etapa de la comprensión es asumir que entendemos las definiciones de las palabras que leemos. Podríamos tomarnos el tiempo que requiera para buscar la definición de la palabra *propiciación*, pero ¿nos tomamos el tiempo para buscar palabras más conocidas como *santo, santificar, honor* o *perseverancia?* Al ir más despacio y considerar los significados de palabras claves o desconocidas, entonces estaremos progresando en nuestra comprensión. Busca la palabra que necesitas entender, y entonces basada en el contexto, escribe la definición que mejor se ajuste al contexto en el cual se usa. Luego, anota esa definición al margen de tu copia impresa del texto.

5. Utiliza otras versiones de la Biblia

Leer un pasaje en más de una versión puede ampliar tu entendimiento de su significado. Si comúnmente utilizas la *Reina-Valera Revisada 1960* (RVR1960), comparar un versículo difícil con otras versiones como *La Biblia de las Américas* (LBLA) o la *Nueva Versión Internacional* (NVI) puede ayudarte a aclarar una confusión. Es importante saber que hay una diferencia entre una traducción y una paráfrasis. Las traducciones se mantienen cerca del lenguaje original, preservan «lo que dice el texto» en hebreo o griego, al traducir de esos idiomas palabra por palabra o pensamiento por pensamiento al español. Pero una paráfrasis como la *Nueva Biblia al Día* (NBD) intenta tomar el lenguaje original y preguntar: «¿Qué significa?». Las paráfrasis interpretan. Pueden ser útiles, pero deben considerarse como comentarios (la interpretación de un hombre de las palabras de Dios). El mejor uso para una paráfrasis es consultarla después de haber hecho un estudio cuidadoso del pasaje en una traducción real. Por este motivo, reservaremos las paráfrasis para nuestro siguiente paso en el proceso.

6. Haz un bosquejo

Una vez que hayas leído varias veces el texto completo, hecho las anotaciones, revisado las definiciones y comparado las traducciones, puedes comenzar a organizar lo que estás leyendo en un bosquejo. Cuando hacemos un bosquejo, reconocemos lo que el autor original escribió con un propósito en mente, que nosotras tratamos de identificar.

No tienes que ser una experta en la Biblia para escribir un bosquejo. Haz lo mejor que puedas y luego compara lo que hiciste con lo que los eruditos dicen. Busca los puntos principales y los puntos secundarios que los apoyan. No todos los libros de la Biblia se pueden bosquejar con facilidad. Tu bosquejo no tiene que ser exhaustivo. El fin es ayudarte a reconocer la estructura general y el propósito del texto; no es reflejar cada idea en él. También puedes revisar el bosquejo a medida que tu estudio progresa y tu familiaridad con el texto crece. Cuando concluyo mi estudio, a menudo reviso mi bosquejo inicial y veo mejores maneras de organizar el texto.

Leer varias veces, anotar en una copia impresa del texto, definir las palabras claves, comparar las traducciones y bosquejar nos pueden ayudar con el importante primer paso de la comprensión: «¿Qué es lo que dice el texto?». Solo comprender el texto es una meta digna para todo el tiempo que dediques al estudio. Una adecuada comprensión es lo que permite que se produzcan una debida interpretación y aplicación.

2.ª etapa: la interpretación, «¿qué significa?»

Mientras la comprensión pregunta: «¿Qué dice?», la interpretación pregunta: «¿Qué significa?». Ahora que hemos realizado el esfuerzo de entender la estructura, el lenguaje y los detalles del texto, estamos listas para enfocarnos en su significado. Una persona que *comprende* la narración de los seis días de la creación en Génesis 1 puede indicarte de modo específico qué ocurrió cada día. Una persona que *interpreta* la historia de la creación puede indicarte por qué Dios creó en cierto orden o forma particular. Podrá deducir cosas más allá de las que el texto expresa.

La mayoría de nosotras depende de los sermones, las notas de las Biblias de estudio y los comentarios para que nos ayuden con la interpretación. Esto es apropiado. Ya discutimos sobre la necesidad de estos recursos para ayudarnos a responder las cinco preguntas arqueológicas. Dios dota a ciertas personas entre nosotros con un conocimiento y entendimiento únicos, y no seríamos sabios si ignoramos su contribución a nuestro estudio. Estas personas proveen un servicio indispensable al cuerpo de creyentes. Pero debemos tener claro que Dios nos llamó a cada una de nosotras de forma individual a que lo amemos con nuestras mentes. Esto significa que es bueno para nosotras procurar con diligencia interpretar, por nosotras mismas, antes de leer las interpretaciones de otros. Esto significa que, antes de consultar comentarios, Biblias de estudio, publicaciones en Internet, blogs y paráfrasis, debemos esforzarnos por hacer nuestra propia interpretación.

Por eso, antes de consultar estas fuentes, dos herramientas en particular nos ayudarán a hacer nuestra propia interpretación.

1. Revisa las referencias cruzadas en la Biblia

Las referencias cruzadas son versículos que aparecen escritos en los márgenes o al pie de las páginas de tu Biblia. Identifican cosas en común en diferentes partes de la Biblia como temas, palabras, eventos o personas. Quizás has oído la expresión «Deja que la Escritura interprete la Escritura». Este es el principio más básico de la interpretación; es la idea de que la mejor manera de captar lo que la Biblia expresa es buscar en otros lugares de la Biblia donde habla de las mismas cosas. Las referencias cruzadas nos ayudan a observar este principio básico y nos deben servir como punto de inicio para responder a la pregunta «¿Qué significa?». Cuando encuentres un pasaje que sea difícil de entender, primero, mira las referencias cruzadas para ver qué pueden añadir a tu entendimiento del pasaje.

2. Parafrasea el texto

Parafrasear es la habilidad de escribir los pensamientos de otro con tus propias palabras. De todas las herramientas mencionadas hasta aquí, creo que esta es la más difícil de aplicar. Requiere que nos detengamos y ejercitemos la paciencia. Si nos parece que parafrasear es fácil, probablemente no le estamos prestando la atención que merece. Si le dedicamos tiempo, creceremos en nuestra madurez como estudiantes.

Cuando te encuentres un versículo o pasaje difícil de entender, revisa el contexto, busca en el diccionario las palabras desconocidas, compara las referencias cruzadas y escribe el pasaje en tus propias palabras. Parafrasear te ayudará a enfocarte en lo que se dice. Incluso, si tu paráfrasis no fuera excelente, hacerla te obligará a leer buscando los detalles y el significado. No tienes que compartir tu trabajo con nadie: es una herramienta para tu propio uso. Una vez que consultes un comentario, podrás concluir que tu paráfrasis es horrible, pero está bien. Al obligarte a luchar con el texto y realizar el ejercicio habrás logrado lo que necesitabas.

Una vez que con diligencia hemos tratado de comprender e interpretar el texto por nosotras mismas, estamos listas para considerar las interpretaciones de otros. Tratar de interpretar por nosotras mismas antes de consultar un comentario es vital, porque no hay dos comentarios que digan lo mismo. Hacer el trabajo de comprensión e interpretación nos ayuda a discernir cuáles comentarios son confiables y cuáles reflejan mejor lo que el texto dice. Toma un tiempo ser capaz de reconocer cuáles autores y maestros son confiables porque su interpretación es reflexiva y responsable. Pídele a un maestro con experiencia o a tu pastor que te den recomendaciones para empezar a formar tu biblioteca personal con comentaristas confiables. Cuando encuentres un comentarista que te guste, revisa sus notas al pie de página con el fin de encontrar otras buenas fuentes.

3.ª etapa: la aplicación, «¿cómo debería cambiarme?»

Al fin arribamos al paso en el proceso de aprendizaje en el que nuestro arduo trabajo se traduce en acción. Después de establecer lo que el texto dice y lo que significa, finalmente, estamos en posición de preguntarnos cómo este texto nos debe impactar. La aplicación pregunta: «¿Cómo debería cambiarme este texto?».

En el capítulo 1 dijimos que la Biblia es un libro sobre Dios. Cuando aplicamos el texto, debemos recordarnos a nosotras mismas una vez más que el conocimiento de Dios y el de uno mismo va de la mano, que no hay un verdadero conocimiento de uno mismo aparte del conocimiento de Dios. Entendida desde una perspectiva centrada en Dios, la pregunta «¿Cómo debería cambiarme el texto?» se responde con otras tres preguntas:

- ¿Qué me enseña este pasaje sobre Dios?
- ¿Cómo este aspecto del carácter de Dios cambia la manera como me veo a mí misma?
- ¿Qué debo hacer en respuesta a lo que aprendo?

Una persona que *comprende* la narración de los seis días de la creación en Génesis 1 puede indicarte de modo específico qué ocurrió cada día. Una persona que *interpreta* la historia de la creación puede indicarte por qué Dios creó en cierto orden o manera. Una persona que *aplica* la historia de la creación puede indicarte que, dado que Dios crea de manera ordenada, nosotros también debemos vivir vidas ordenadas (hablaremos más sobre esto). El conocimiento de Dios, obtenido a través de la comprensión del texto y la interpretación de su significado, ahora puede aplicarse a la vida de una manera que desafía a la estudiante a ser diferente.

Por qué estudiar mediante un proceso es digno de esfuerzo

Estudiar mediante un proceso nos permite develar el carácter de Dios en la Escritura, a través de una cuidadosa comprensión e interpretación. Esto, entonces, nos permite una adecuada aplicación de la Escritura a la luz de lo que Dios ha revelado de sí mismo. ¿Suena difícil el proceso de comprensión-interpretación-aplicación? Puede serlo al principio, pero llega a ser más natural cuanto más se utiliza. Es un proceso para un proyecto de construcción ordenado, a largo plazo, con beneficios acumulativos. Incluso, si estás en una etapa de la vida que no te permite utilizar de modo exhaustivo todas las herramientas del proceso, las puedes usar hasta donde el tiempo te lo permita. Construye despacio, si así debes hacerlo, pero, como sea, edifica. Al llevar a cabo un proceso ordenado, estás siguiendo un patrón establecido por Dios mismo.

El Dios de la Biblia es un Dios de orden. La primera y la última escenas registradas en la Escritura nos muestran a Dios ordenando el cosmos. Génesis 1-3 presenta a Dios poniendo en orden un jardín, tomando lo que no tenía forma y estaba vacío y dándole forma y función en seis pasos ordenados, y convirtiéndolo en un lugar perfectamente ordenado para Su presencia. Apocalipsis 21 muestra a Dios reordenando el desorden de un mundo caído en la forma de un nuevo cielo y una nueva Tierra, y revelando, finalmente, la nueva Jerusalén, un lugar perfectamente ordenado para que more Su presencia.

Si estás familiarizada con el libro de Éxodo, sabrás que este también contiene una historia de creación ordenada. Dios le manda a Israel a que cree un tabernáculo perfectamente ordenado a través de un proceso ordenado, en el cual Dios residiría dentro de las paredes de cortinas. Página tras página está dedicada a dar los detalles del proceso para edificar la estructura, cuyo producto final es un bello lugar en el cual Dios y el ser humano pueden tener comunión. Diferente de las historias de la creación y de la nueva Jerusalén, en las cuales Dios es quien crea, Dios involucra a humanos en la tarea ordenada de crear el tabernáculo. Él los invita a participar en el proceso. Las historias de la edificación del templo de Salomón en 1 Reyes y la reconstrucción de Jerusalén en Esdras y Nehemías hablan de otras ocasiones en las cuales los humanos participan en el proceso creativo y ordenado de establecer o restablecer un lugar para la comunión con Dios.

Como templos del Espíritu Santo (1 Cor. 6:19-20), *tú y yo somos llamadas a participar en el proceso* de crear y mantener un lugar ordenado y bello dentro de nuestros corazones donde el Señor pueda morar. Una de las formas más importantes como logramos esto es a través del estudio de la Biblia.

El soberano Dios del universo en un tiempo moró con nosotros, en el perfectamente ordenado jardín de Su propia creación. Él un día morará con nosotros de nuevo en una ciudad perfectamente ordenada, la cual, Él también ha creado. Pero en el espacio entre estos dos puntos, se nos da la singular oportunidad de participar en la tarea ordenada de crear espacios donde lo divino y lo humano pueden estar en comunión. Estudiar la Biblia siguiendo un proceso es el medio para hacerlo.

Podemos empezar el trabajo de edificar como constructores descuidados, pero tenemos un Dios fiel que es paciente con Sus trabajadores y que los equipa con todo lo que necesitan para hacer el trabajo que deben realizar. Solo tenemos que pedir lo que necesitamos. Con esto en mente, estamos preparadas para considerar el último elemento del estudio sano de la Biblia: la oración.

7

Estudia con oración

Pero si alguno de vosotros se ve falto de sabiduría, que
la pida a Dios, el cual da a todos abundantemente y sin
reproche.

Sant. 1:5

Con frecuencia oímos que las cosas buenas vienen en pequeños
envases. Pido que esto sea cierto sobre este pequeño capítulo
que inicias a leer. No te dejes engañar por el número de palabras: aunque se dedicó más espacio a los cuatro elementos
anteriores, este quinto elemento sobre el estudio sano de la
Biblia no es menos importante. Más bien, podríamos argumen-
tar que la *oración* es el más importante de todos. Es el medio
por el cual suplicamos al Espíritu Santo que controle nuestro
tiempo de estudio. Sin la ayuda del Espíritu nuestro estudio no
es más que un esfuerzo intelectual. Cuando oramos estamos
en comunión con el Señor. Estar en comunión cambia nuestro
estudio de una búsqueda de conocimiento a la búsqueda de
Dios mismo.

Quizás conozcas el acrónimo en inglés PART. En español sería el acrónimo ARPA, y su propósito es ayudarnos a recordar los aspectos básicos de la oración:

Alaba: glorifica a Dios por quién es Él y por lo que ha hecho.

Reconoce: confiesa a Dios aquello que no has hecho como a Él le agrada.

Pide: suplica a Dios que te perdone por tus pecados y que te ayude en tus necesidades.

Agradece: dale gracias a Dios por quién es Él y por lo que ha hecho.

Consideremos cómo incorporar la oración en nuestros estudios: antes, durante y después de estudiar, al usar ARPA como nuestra guía. Probablemente tú ya tengas la práctica de la oración diaria en la que utilizas los aspectos de ARPA. Tu tiempo de estudio te ofrece una oportunidad de ajustar tus oraciones para que se correspondan con el ministerio de la Palabra.

Tu tiempo de oración puede ser largo o corto. Puede ser intermitente mientras estudias. Reconoce el beneficio de orar en todas las etapas de tu estudio, pero date la oportunidad de orar según seas guiada a hacerlo. Que tus oraciones surjan de un deseo sincero, no de un sentido de obligación por «hacer las cosas de la manera correcta». Si no tienes el deseo de orar, díselo al Señor y pídele que aumente el deseo en ti mientras estudias.

Ora antes de estudiar

Alaba: comienza alabando a Dios por darnos la revelación de Su voluntad y de Su carácter en Su Palabra. Si estás en medio de un libro, alábalo por los atributos específicos que tu estudio ha revelado. Si estás al inicio de un libro, alábalo por Su misericordia y gracia al darte el regalo de la Biblia.

Reconoce: identifica tus propias inseguridades y debilidades al comenzar tu estudio y preséntalas delante del Señor. Confiesa que no lo puedes hacer, que te parece muy difícil. Confiesa cualquier pecado que pudiera estorbar tu estudio (¿orgullo?, ¿impaciencia?, ¿distracción?). Confiesa la falta de deseo que experimentas.

Pide: pídele al Señor oídos para oír y ojos para ver mientras estudias. Pídele que te guarde de las distracciones durante el tiempo que has apartado. Pídele que despeje tu mente de otras preocupaciones. Pídele que te revele Su carácter y tu pecado. Pídele que haga Su Palabra viva para ti, de manera que lo conozcas mejor y que puedas ver tu necesidad de Él de una manera clara.

Agradece: dale gracias por haberse revelado a través de la Biblia y porque te ha dado la habilidad de conocerlo. Agradécele por el tiempo para estudiar. Dale gracias por haberte dado el regalo de Jesucristo.

Ora durante tu estudio

Alaba: mientras estudias, alaba a Dios cuando haces una conexión sobre Su carácter, la cual no habías entendido. Alábalo cuando notes que has comenzado por ti misma a hacer las preguntas correctas al texto. Alábalo cuando te encuentres a ti misma disfrutando el estudio porque sabes que Él es el origen de ese gozo.

Reconoce: debes confesar cuando te frustras con el estudio. Confiesa si el estudio te parece aburrido. Dile lo que preferirías estar haciendo o lo que te parece más urgente. Confiesa si te irritas con lo que el pasaje te pide o te muestra.

Pide: cuando te encuentres con un pasaje difícil, pídele al Señor que te dé entendimiento. Si tu mente está distraída, pídele ayuda para enfocarte. Si te frustras, pídele que te enseñe paciencia y humildad. Si te encuentras haciendo las cosas con prisa, pídele que te ayude a ir despacio en el proceso. Si te encuentras asediada por interrupciones, pídele que te dé un tiempo de paz o que te ayude a saber si es tiempo de suspender el estudio y retomarlo otro día.

Agradece: da gracias al Señor cuando Él trae a tu mente pasajes de la Escritura que confirman o refuerzan lo que has aprendido en tu estudio. Agradécele cuando recibes corrección del texto o cuando se te da un ejemplo que seguir. Da gracias cada vez que el evangelio se te revela a través del estudio.

Ora después de estudiar

Alaba: medita en el aspecto del carácter de Dios que tu estudio te ha revelado. ¿Mostró el pasaje a Dios como misericordioso, paciente, generoso, santo o airado? Alábalo por ese aspecto revelado de quien es Él. Si es apropiado, ora en voz alta el pasaje de la Escritura que celebra ese aspecto del carácter de Dios.

Reconoce: confiesa cualquier pecado que tu estudio haya traído a la luz. Confiesa tu tentación de aplicar el pasaje al problema de pecado de alguien más, en lugar de aplicarlo a ti misma. Confiesa si te permites distraerte mientras estudias. ¿El estudio te permite ver con más claridad tu falta de comprensión? ¿Corriste para terminar? Confiesa eso también.

Pide: pídele al Señor que te ayude a aplicar lo que has aprendido. ¿Aprendiste que la generosidad de Dios revela tu propia falta de generosidad para con otros? Pídele que, durante el día, te haga recordar lo que has estudiado en la semana. Si tu tiempo de estudio te pareció infructuoso, pídele que te ayude a confiar en que hay fruto que todavía no puedes ver. Pídele que te dé el deseo de perseverar en el proceso de aprendizaje.

Agradece: da gracias al Señor por lo que te está enseñando. Agradécele por el don de la comprensión y por los hombres y mujeres que han escrito los comentarios que tú usas. Da gracias específicamente por la verdad que Él te ha mostrado durante tu estudio.

¿Parece mucha oración?

Las sugerencias para orar que he dado son solo eso: sugerencias. No representan una fórmula mágica de ningún tipo; tampoco son una lista exhaustiva ni deben llevarse a cabo en cierta cantidad de tiempo. Mi punto es desafiarte a que permitas que la oración empape tu estudio de principio a fin. Aprender la Biblia no se logra solo por el esfuerzo humano. Como todos los otros aspectos de la santificación, es el resultado de la obra del Espíritu Santo en nuestros esfuerzos y a través de ellos.

Cuánto tiempo inviertas y cuán profundo llegues en la oración en relación con tu estudio, dependerá en alguna medida de tu horario. Habrá días cuando susurrarás: «¡Ayúdame, Señor!» e iniciarás el estudio. Pero también habrá días cuando disfrutarás la oración a través de tu estudio. El Espíritu Santo tiene una manera de hablarte a través de la Escritura, sea que le pidamos algo o no. ¿No sería mucho mejor si lo invitamos, si le damos la bienvenida, si celebramos Su presencia en nuestro estudio diario? Si la Palabra de Dios es realmente viva y activa, eso es por causa del ministerio del Espíritu Santo, a través de la obra perfecta de Cristo, por el decreto de amor del Padre. La oración invoca la comunión con la Trinidad en tu tiempo de estudio, una comunión dulce y necesaria para cualquier estudiante de la Palabra.

A diferencia de la extensión de este capítulo, la oración no es poca cosa.

8

Pon todo junto

Con todo mi corazón te he buscado; no dejes que me desvíe de tus mandamientos. En mi corazón he atesorado tu palabra, para no pecar contra ti.

Sal. 119:10-11

Así que, aquí lo tienes: los cinco elementos del sano estudio de la Biblia, cinco herramientas para ayudarte a construir tu alfabetización bíblica y de esta manera crecer en tu amor por el Dios que la Biblia proclama. Aquí hago un breve repaso de cada elemento que resume lo que hemos aprendido.

Estudia con *propósito*	Entiende dónde tu texto cabe dentro de la Gran Historia de la creación-caída-redención-restauración.
Estudia con *perspectiva*	Entiende la «arqueología» de tu texto (su contexto histórico y cultural).
Estudia con *paciencia*	No te apresures, establece una expectativa razonable para tu ritmo de estudio y enfócate en las metas a largo plazo.

Estudia mediante un *proceso*	Comienza de manera metódica a leer para comprender, interpretar y aplicar el texto.
Estudia con *oración*	Pídele al Padre que te ayude antes, durante y después de tu tiempo de estudio.

Ahora que tenemos todo el método de estudio a la vista, veamos cómo puedes utilizarlo al ir paso a paso a través de un ejemplo. Como mencioné cuando los presenté, la relación de los cinco elementos, entre uno y otro, no es necesariamente lineal. No son una lista de tareas pendientes, sino que se trata de una serie de prácticas que se interrelacionan y se traslapan. Ningún ejemplo reflejará cómo tu estudio podría progresar, pero este capítulo debería ayudarte a empezar en la dirección correcta. Con el fin de ilustrar con un ejemplo, asumiremos que la *paciencia* y la *oración* serán necesarias a lo largo de nuestro estudio. Enfocaremos nuestra atención en cómo estudiar la carta de Santiago con *propósito*, *perspectiva* y mediante un *proceso*.

Notarás, al ir a través del ejemplo, que cada paso no está dividido en pequeñas cantidades de tiempo. Si has usado una guía de estudio o a un maestro que te dosifica el proceso de estudiar en tareas diarias o semanales, carecer de esta estructura puede requerir algo de tiempo para acostumbrarse. También te dará libertad de trabajar a tu propio ritmo. Puedes hacer mucho o poco en ciertas circunstancias, según el tiempo te lo permita. Puedes tomarte tres días o tres semanas para leer varias veces el texto completo; depende de cuánto tiempo tengas. Sin embargo, más importante que lograr cierta meta de estudio es que tengas un constante progreso en la dirección correcta, utilizando un acercamiento que te permita edificar tu alfabetización bíblica.

Con esto en mente, caminemos para ver cómo tu estudio progresa, si decidiste aprender la carta de Santiago, según nuestro método de estudio. Antes de iniciar, busca los siguientes elementos:

- Una copia impresa del texto a doble espacio y con márgenes amplios. Incluye las notas a pie de página y las referencias cruzadas.
- Un lapicero y un marcador.
- Un juego de lapiceros o lápices de colores para hacer notas.
- Un diario o carpeta de anillos para mantener todas tus notas en un solo lugar.

Paso 1: inicia con propósito

Empieza tu estudio considerando dónde cabe la carta de Santiago dentro de la Gran Historia de la Biblia. ¿Qué papel desempeña en la historia de la creación-caída-redención-restauración? ¿Cómo refleja el reino y gobierno de Dios? A menos que estés estudiando de Génesis a Apocalipsis, puede ser difícil conocer, al inicio de tu estudio, exactamente dónde cabe el libro que has escogido en la Gran Historia. Eso está bien. Fórmate una idea general al inicio (consulta el material introductorio en tu Biblia de estudio o en un comentario) y ten en mente esa pregunta mientras progresas en tu estudio.

Mientras inviertes tiempo en el texto, su contribución específica a la Gran Historia comienza a emerger con mayor claridad. Al final del estudio podrás identificar los temas de la metanarrativa, conforme aparecen en tu texto. Ya que la carta de Santiago es literatura sapiencial del Nuevo Testamento (lo descubriremos después), es evidente que trata sobre el tema de la redención, de modo específico sobre la santificación progresiva, aunque también están presentes otros aspectos de la metanarrativa.

Paso 2: obtén la perspectiva del libro que estarás estudiando

Responde las preguntas arqueológicas para Santiago utilizando una Biblia de estudio, un comentario confiable o ambos. Dedica tiempo a este paso, así cuando empieces a leer, serás capaz de oír lo que los destinatarios originales oyeron. En tu diario, escribe cada una de las preguntas arqueológicas y una breve respuesta para cada una de ellas. Podrás usar tus respuestas como una referencia inicial cuando estés en el paso 3. Tus respuestas a las preguntas arqueológicas en Santiago podrían ser semejantes a estas:

1. ¿Quién escribió la carta?

Santiago, el hermano del Señor. Ascendió a una posición de prominencia en la iglesia en Jerusalén (Hech. 15). Era conocido como «Santiago el Justo» y por la cantidad de tiempo que dedicaba a la oración. Murió como mártir en el año 62 d.C. Lo tiraron del muro del templo; fue apedreado y golpeado hasta morir.

2. ¿Cuándo la escribió?

Alrededor del año 49 d.C. Es el escrito más antiguo del Nuevo Testamento.

3. ¿A quién se la dirigió?

A los judíos cristianos que sufrían la persecución, durante los primeros días de la iglesia. Sus lectores estaban familiarizados con el lenguaje y las imágenes del Antiguo Testamento.

4. ¿Qué estilo utilizó para escribirla?	Escribe como la literatura sapiencial del Antiguo Testamento (Proverbios, Job, Cantares). Contiene muchas exhortaciones. Se encuentran 54 llamados a la obediencia. Escribe con un tono de autoridad, imponiendo respeto.
5. ¿Por qué fue escrita?	Para mostrar cómo vivir una vida de piedad en los asuntos prácticos de cada día. Responde a la pregunta: «¿Cómo es la fe genuina?».

Si no estás familiarizada con el género de literatura sapiencial, podrías hacer algunas lecturas adicionales para descubrir más sobre ella. Si te interesa algún aspecto del trasfondo histórico, también podrías investigar más al respecto. Cuanto más tiempo pases «profundizando» sobre los destinatarios, más dominarás el proceso de comprensión-interpretación-aplicación.

Paso 3: inicia el proceso de comprensión-interpretación-aplicación

Comprensión: ¿qué dice?

Utiliza tu copia del texto impresa a doble espacio y lee Santiago de principio a fin. Pon atención a las notas a pie de página; haz notas en los márgenes resumiendo las ideas principales. Recuerda tener en mente a los lectores originales de Santiago. ¿Cuáles serían las principales enseñanzas que ellos tomaron de su carta, considerando las circunstancias de persecución en que se encontraban a causa de su fe?

Lee la carta unas cuantas veces; anota las palabras y frases repetidas o las ideas cuando comienzan a emerger en tu comprensión. Lee la carta en otras dos traducciones, como parte de tu lectura repetitiva. A medida que te familiarices con lo que el texto expresa, comienza a transferir tus oraciones que resumen el contenido a tu diario, para formar un bosquejo a grandes rasgos de la carta. Tu bosquejo general de Santiago podría parecerse a este:

- Saludo (1:1)
- Pruebas y tentaciones (1:2-18)
  - Es bueno que nuestra fe sea probada (1:2-12)
  - No somos tentados por Dios, sino por nuestras concupiscencias (1:13-18)
- No hay que ser oidores olvidadizos, sino hacedores de la Palabra (1:19-27)
- No se debe tener favoritos en la iglesia (2:1-13)
- La verdadera fe siempre resulta en obras (2:14-26)
- Cuida tus palabras (3:1-12)
- Dos clases de sabiduría (3:13-18)
- No te dejes vencer por el mundo (cap. 4)
  - No seas contencioso (4:1-3)
  - No seas amigo del mundo (4:4)
  - No seas orgulloso (4:5-10)
  - No hables contra los demás (4:11-12)
  - No seas presumido (4:13-17)
- Advertencias contra los ricos injustos (5:1-6)
- Exhortaciones finales (5:7-20)
  - Sé paciente en medio del sufrimiento (5:7-11)
  - Habla la verdad (5:12)
  - Ora con fe (5:13-18)
  - Restaura a aquellos que se apartan de la verdad (5:19-20)

No te atormentes por tu bosquejo. Siempre puedes regresar y revisarlo mientras tu estudio progresa. Una vez que tengas una idea de lo que Santiago dice en general, empieza a buscar lo que está diciendo en particular. Empieza trabajando una por una a través de las secciones lógicas de la carta.

Tu bosquejo identifica que Santiago 1:1-18 tiene las primeras dos secciones lógicas: el saludo y la discusión sobre las pruebas y las tentaciones. Revisa de nuevo esa porción del texto y marca lo siguiente:

- ¿Tiene el texto palabras, frases o ideas repetidas?
- ¿Menciona atributos de Dios (cosas que son ciertas de Él)?
- ¿Tiene el texto varios puntos consecutivos? Enuméralos.
- ¿Encontraste palabras que no entiendes? Márcalas con signos de interrogación. Busca en el diccionario y escribe una definición o sinónimo en tu copia impresa.
- ¿Incluye el pasaje palabras claves de transición tales como *si, entonces, por tanto, asimismo, pero, porque* o *de la misma manera*? Dibuja una flecha para conectar una conclusión con su argumento inicial.
- ¿Hay una idea que confunde? Escribe tu pregunta al margen para tratarla más tarde.

Teniendo en mente que las anotaciones de cada estudiante son diferentes, así es como tu copia de Santiago 1:1-18 podría lucir una vez que la has marcado (ver el ejemplo en las págs. 124-125).

Interpretación: ¿qué significa?

Ahora que has leído detenidamente para comprender, entonces utiliza las referencias cruzadas, la paráfrasis y los comentarios para que te ayuden a arribar a una interpretación.

Referencias cruzadas

Busca las referencias cruzadas que aparecen en la Biblia para cada versículo en la sección que estás estudiando (están ubicadas en el margen o al pie de la página de tu Biblia).

Entonces observa cómo las referencias amplían tu entendimiento del pasaje que estás estudiando. Por ejemplo, en la LBLA, las referencias para Santiago 1:2-3 son Mateo 5:12, Santiago 1:12, 5:11 y 1 Pedro 1:6. Consulta cada referencia y los versículos anteriores y posteriores para que puedas colocarlos en su contexto. Nota quién está hablando y a quién le habla. En este caso, necesitamos leer Mateo 5:11-12 (Jesús, el hermano de Santiago, se está dirigiendo a los discípulos). En la misma carta de Santiago en 1:12 y 5:11, hablan de la recompensa de perseverar al estar bajo prueba y menciona a Job como un ejemplo de alguien que fue probado y que el Señor compasivo y misericordioso lo sostuvo. En 1 Pedro 1:6, Pedro habla a los cristianos bajo persecución, lo cual permite entender la conexión entre las referencias.

Santiago 1:2-3: Tened por sumo gozo, hermanos míos, el que os halléis en diversas pruebas, sabiendo que la prueba de vuestra fe produce paciencia.

Santiago 1:12: Bienaventurado el hombre que persevera bajo la prueba, porque una vez que ha sido aprobado, recibirá la corona de la vida que el Señor ha prometido a los que le aman.

Santiago 5:11: Mirad que tenemos por bienaventurados a los que sufrieron. Habéis oído de la paciencia de Job, y habéis visto el resultado del proceder del Señor, que el Señor es muy compasivo, y misericordioso.

Mateo 5:11: Bienaventurados seréis cuando os insulten y persigan, y digan todo género de mal contra vosotros falsamente, por causa de mí.

1 Pedro 1:6: En lo cual os regocijáis grandemente, aunque ahora, por un poco de tiempo si es necesario, seáis afligidos con diversas pruebas.

Nota cómo las palabras de Jesús, Pedro y del mismo Santiago en otras partes, expanden nuestro entendimiento de las palabras de Santiago 1:2-3. Las pruebas son, en última instancia, una bendición: se traducen en una recompensa celestial, son relativamente breves, muestran que nuestra fe es genuina y le traen gloria a Dios.

Paráfrasis

Recuerda que parafrasear un pasaje solo es escribirlo con tus propias palabras, para ayudarte a comprender su significado. Parafrasear es particularmente útil cuando un versículo parece ser poco claro o confuso.

La exhortación «Tened por sumo gozo» de Santiago 1:2-3 podría parecer, a primera vista, que nos dice que las pruebas deben

Mujer de la Palabra

Santiago 1:1-18

esclavo   Dios tiene autoridad

[1] Santiago, <u>siervo</u> de Dios y del Señor Jesucristo:

A las doce tribus que están en la <u>dispersión</u>: Saludos.   Los judíos estaban esparcidos en toda Asia Menor

Jesús dijo esto en Mat. 5:12

[2] Tened por sumo gozo, hermanos míos, el que *os* halléis en diversas

Santiago anima a sus lectores al afirmar que las pruebas producen madurez

P. ¿Experimento gozo cuando estoy bajo pruebas?

pruebas, [3] sabiendo que la prueba de vuestra fe produce

paciencia, [4] y que la paciencia tenga *su* perfecto resultado, para que

seáis perfectos y completos, sin que *os* falte nada.

Las pruebas muestran que necesitamos sabiduría

entonces

[5] Pero si alguno de vosotros se ve falto de sabiduría, que *la* pida a

Dios, el cual da a todos abundantemente y sin reproche, y le será

Dios es sabio y generoso

dada. [6] Pero que pida con fe, sin dudar; porque el que duda es

Dios quiere que le pidamos

semejante a la ola del mar, impulsada por el viento y echada de una

parte a otra. [7] No piense, pues, ese hombre, que recibirá cosa

alguna del Señor, [8] *siendo* hombre de doble ánimo, inestable en

¿Soy de doble ánimo? (Sant. 3:13-18) ¿En qué áreas?

todos sus caminos.

[9] Pero que el hermano de condición humilde se gloríe en su alta

Ricos o pobres, todos somos frágiles y pasajeros

posición, [10] y el rico en su humillación, pues él pasará como la flor

¿De verdad?   v. 11 Al contrario que nosotros, Dios es eterno (Isa. 40:6-8)

de la hierba. [11] Porque el sol sale con calor abrasador y seca la hierba, y su flor se cae y la hermosura de su apariencia perece; así

también se marchitará el rico en medio de sus empresas.

[12] Bienaventurado el hombre que persevera bajo la prueba, porque

No dice "feliz", sino que tiene la aprobación y la ayuda de ¡Dios mismo!

una vez que ha sido aprobado, recibirá la corona de la vida que *el* Dios cumple
Dios no tienta a nadie. sus promesas
Nosotros nos
dejamos *Señor* ha prometido a los que le aman. [13] Que nadie diga cuando es
tentar y atraer v. 13 Dios nunca
por al pecado. es la fuente de
tentado: Soy tentado por Dios; porque Dios no puede ser tentado la tentación

Gén. 3:11-12 Adán dice esto.

por el mal y El mismo no tienta a nadie. [14] Sino que cada uno es

tentado cuando es llevado y seducido por su propia pasión.

[15] Después, cuando la pasión ha concebido, da a luz el

pecado; y cuando el pecado es consumado, engendra la
vv. 14-15 malos deseos → tentaciones que atraen → pecado → muerte
vv. 2-4 fe → pruebas → paciencia → madurez
muerte. [16] Amados hermanos míos, no os engañéis. [17] Toda buena v. 16 Dios nos
dice la verdad
El mundo miente
sobre lo que es v. 17 Dios
bueno y dádiva y todo don perfecto viene de lo alto, desciende del Padre de nos da dones
lo que es malo. buenos y perfectos
las luces, con el cual no hay cambio ni sombra de variación. [18] En el v. 17 Dios es
luz
v. 17 Dios
ejercicio de su voluntad, El nos hizo nacer por la palabra de verdad, no cambia
Lev. 2:14-16 ¿Qué conexión hay? Cristo v. 18 Dios nos hizo nacer
por su voluntad
para que fuéramos las primicias de sus criaturas.

P. ¿Qué creo, erróneamente, que es bueno, pero no lo es?
P. ¿Qué prueba he visto como algo malo, pero que al final
me ayudó a madurar?

ser una fuente de gozo para nosotras mientras estemos pasando por ellas. ¿Santiago les dice a aquellos que padecen persecución que deben sonreír y estar felices? Cuando consultamos otras traducciones encontramos que la NVI lo expresa así: «considérense muy dichosos», y la DHH así: «deben tenerse por muy dichosos». El Diccionario de la lengua española (RAE), ayuda con algunos sinónimos: *pensar, juzgar* y *comprender*. Nuestras referencias cruzadas hablan de la idea de persecución que da como resultado una recompensa futura. Al combinar estos puntos de referencia, Santiago 1:2-3 se podría parafrasear así: *Mis hermanos, cuando sean perseguidos, considérenlo como una fuente de futuro gozo, sabiendo que cuando su fe está siendo probada, ustedes crecen en su habilidad de perseverar.*

¿Es precisa tu paráfrasis? Lo descubrirás cuando leas algunos comentarios para ver si los expertos han arribado a conclusiones similares. De cualquier manera, tú has hecho tu tarea al interpretar por ti misma. Si encuentras que tu paráfrasis no era precisa, regresa y anota la manera como creciste en tu entendimiento; hazlo en tu diario o en la copia del texto a medida que tu pensamiento se desarrolla.

Consulta de comentarios

Al haber hecho el esfuerzo por ti misma, para entender lo que dice y significa el texto, ahora estás lista para considerar lo que dicen otros. Te ayudará moverte de lo general a lo específico con los comentarios. Inicia con las notas en tu Biblia de estudio y luego lee comentarios exhaustivos o enseñanzas para afinar tu pensamiento. Recuerda utilizar comentarios de fuentes confiables. Busca acuerdos y desacuerdos entre tus comentarios. Donde están en desacuerdo, pregúntate cuál interpretación se ajusta mejor a lo que tú misma has descubierto a través de tu estudio.

Aplicación: ¿cómo debería cambiarme?

Una vez que hayas hecho el trabajo de comprensión e interpretación, estás lista para considerar cómo aplicar lo que has estado aprendiendo. Recuerda que aquella pregunta «¿Cómo me debería cambiar el texto?» es respondida al hacer tres preguntas:

- ¿Qué me enseña este pasaje sobre Dios?
- ¿Cómo este aspecto del carácter de Dios cambia mi manera de verme a mí misma?
- ¿Cuál debe ser mi respuesta?

Al revisar tus notas al margen en Santiago 1:1-18, ahora estás preparada para tomar lo que observaste sobre el carácter de Dios y aplicarlo. Nuestro ejemplo muestra varias verdades sobre Dios que aparecen anotadas al margen. Transfiere esas notas a tu diario, escribe una visión correspondiente sobre ti y una respuesta personal a cada una.

1. *¿Cómo veo a Dios?*: Dios (Jesús) tiene autoridad (1:1).

   ¿Cómo me veo?: no tengo autoridad sobre mi vida o mis circunstancias.

   Respuesta: ¿cómo me puedo someter de mejor manera a Jesús como mi Señor? ¿En qué área de mi vida yo trato de mantener el control?

2. *¿Cómo veo a Dios?*: Dios tiene sabiduría y Él la da generosamente cuando la pedimos (1:5).

   ¿Cómo me veo?: me falta sabiduría. Actúo en mi propia sabiduría, en lugar de pedirle sabiduría divina.

Respuesta: ¿en cuáles áreas de mi vida necesito más sabiduría divina en este momento? ¿La he pedido?

Podemos y debemos sacar otros puntos de aplicación de este texto, pero debemos recordar que las preguntas centradas en Dios deben ser *siempre* nuestro punto de partida. No deben ser dejadas para el final. Ejemplos de otros puntos de aplicación que pueden surgir de tus consideraciones iniciales sobre el carácter de Dios en Santiago 1:1-18 incluyen los siguientes:

- Santiago, quien llamó a Jesús «hermano» durante su vida, inicia su carta llamándolo «Señor» y «Cristo». ¿Yo le muestro respeto a Jesús como Señor y Cristo o pienso en Él sin la debida reverencia?
- Dios da sabiduría (1:5) y toda dádiva y don perfecto (1:16). ¿Le he pedido sabiduría? ¿Le he agradecido por los dones que me ha dado?

Tus preguntas sobre la aplicación pueden formar la base para una oración de cierre. O, si te estás reuniendo con otras mujeres para estudiar, estas preguntas pueden ser la base para su tiempo de estudio y discusión.

Todo ejemplo tiene sus límites

Confesión: escogí la carta de Santiago como mi ejemplo porque se presta para mostrar cómo funciona el método. Santiago está repleto de diferentes clases de cosas que tú puedes anotar, es bastante claro para ser interpretado, es fácil de aplicar y no es un documento muy extenso. No todos los libros o cartas son tan accesibles.

Ten en mente que si estás estudiando un libro más largo, tus notas sobre el texto posiblemente serán menos detalladas que las que hice en el ejemplo de Santiago. Las palabras o ideas repetidas pueden cubrir secciones mayores. La comprensión puede consistir en repetir los puntos principales que cubren largos relatos históricos. La interpretación puede consistir en varios intentos valientes que terminan errando al blanco debido a la falta de información de fondo. Los personajes pueden actuar de manera inexplicable, los autores pueden hablar de temas confusos o parecer aburridos, el lenguaje y las figuras podrían ser confusos y olvídate de tratar de pronunciar los nombres de la gente.

Si te frustras o te sientes empantanada, recuérdate que tu trabajo como estudiante es progresar con las herramientas que tengas disponibles. En momentos diferentes, en libros diferentes, usarás cada una de las diferentes habilidades con varios grados de efectividad. Pero de todas maneras utilízalas. Lucha por tener tu propio contacto con el texto antes de buscar otras fuentes. Santiago te anima a que sigas pidiendo sabiduría, confía en el Señor, Él te la dará y recuerda que tus esfuerzos son a largo plazo. La constancia en una estudiante es maravillosa.

Unos pensamientos finales sobre tu estudio personal con los cinco elementos

Bueno, lo hiciste. Has caminado a través del texto como lo hace una estudiante metódica. Quizás tu horario no te permitió tener un contacto diario con el estudio, o quizás algunos días tuviste menos tiempo que otros, pero has utilizado el tiempo que tenías disponible con los cinco elementos. ¿Me permitirías hablar de un elemento extra para que lo consideres? Si fuera posible, comparte tu estudio con otras *personas*.

Como indiqué anteriormente, reunirte con otros para discutir tus hallazgos del estudio personal aumentará el beneficio de tu trabajo. Es muy cierto que el estudio de la Biblia ocurre a nivel personal, pero dentro de la comunidad toma una dimensión de responsabilidad que no ocurriría de otra manera. Estudiar con una compañera o con un grupo ayuda a que sigas avanzando y te protege contra el descarrilamiento en las interpretaciones y aplicaciones que no correspondan a la intención del texto. Si te encuentras en una etapa de la vida en la que reunirte en un grupo se te hace difícil, el estudio personal de la Biblia definitivamente te hace avanzar hacia la alfabetización bíblica. Pero, si fuera posible, reúne a otras mujeres para que estudien contigo. Tu grupo vendrá a ser el vehículo de discusión, confesión, arrepentimiento, ánimo y edificación mutua. Sabrás que no eres la única que encuentra que estudiar es exigente y compartirás junto con otras el gozo de descubrir y entender.

Así como un grupo puede servir de referencia para mantenerte en la dirección correcta con tu estudio, también lo harán la sana doctrina y predicación. Estos dones para el cuerpo de creyentes están más accesibles que nunca antes. Ya sea a través de reuniones en grupo o por medio de recursos en Internet, aprovéchalos. Si estás insegura sobre a quién escuchar, pregúntale a tu pastor qué enseñanza le ha sido de ayuda personal a él mismo. Compara lo que estás aprendiendo por ti misma con la enseñanza de maestros confiables. Pero recuerda: debes usar estos recursos *después* de que hayas empleado los cinco elementos en tu estudio personal. La predicación y la enseñanza asumen una mayor dimensión y logran mucho más cuando venimos saturadas con el texto que ellos exponen.

Sucede en muchos casos que los estudiantes entusiastas llegan a ser maestros entusiastas. Ese fue mi caso. Yo estaba tan emocionada en compartir la riqueza del conocimiento que estaba descubriendo que pronto pasé de ser estudiante a ser maestra. Por supuesto, nunca he parado de ser estudiante; en muchas formas, empezar a enseñar fue un medio para obligarme a estudiar. El saber que otras mujeres esperaban que yo llegara preparada y que el Señor toma con seriedad el papel de los maestros (Sant. 3:1) me presionaba para ser mejor estudiante de lo que jamás pudiera haber llegado a ser por mí misma.

Una cosa es ser una estudiante cuidadosa, que utiliza los cinco elementos para guiar tu estudio, pero otra es ser una maestra cuidadosa, que guía a sus estudiantes a aprender y a implementar los cinco elementos. Si eres una maestra, te ofrezco alguna ayuda en el siguiente capítulo, al hacer precisamente lo que acabo de decir.

9

Ayuda para maestras

Procura con diligencia presentarte a Dios aprobado,
como obrero que no tiene de qué avergonzarse, que
maneja con precisión la palabra de verdad.

2 Tim. 2:15

Soy terrible como miembro de un grupo pequeño. Si has sido capacitada para guiar a un grupo pequeño, espero que te hayan dado esta invaluable perla de consejo: nunca hagas contacto visual con un miembro del grupo que quiera desviar la discusión. El grupo depende de ti. Si la miras mientras haces la siguiente pregunta de discusión, se acabó.

Yo soy aquella a la que nunca debes mirar. Al menos es la que solía ser. El grupo pequeño era una pesadilla para mí y para todas las demás. Llegaba con mi libro de notas marcado en detalle, con preguntas adicionales y con los descubrimientos de mi estudio personal. El tiempo de discusión nunca era suficiente para mí. Deseaba que terminara rápido la parte de «alegrías y preocupaciones» para meternos de lleno en la lección. (No conozco ni me interesa lo que le está pasando a tu primo el ingeniero. ¿Podemos ya hablar sobre Romanos?). Siempre estaba pensando cómo podía haber planteado la pregunta de una manera diferente, cuál referencia cruzada debí haber destacado o cómo debí haber enseñado una idea en particular. Me sentaba en la orilla de mi asiento, inclinada hacia delante, esperando el momento en el que pudiera insertar mi observación o descubrimiento en la conversación.

Recuerdo el día en que ofrecí una interpretación distinta al pasaje que el autor de nuestro estudio había cubierto. No sabía que el silencio pudiese ser tan bullicioso o prolongado. En general, los pequeños grupos de mujeres son lugares donde el consenso es apreciado. Eso se lo enseñan a uno desde jardín de infantes. ¿Qué era lo que me estaba pasando?

Pido disculpas a todas mis antiguas líderes de grupos pequeños. Si yo hubiera sido tú, habría querido que me pegues en la frente. A la líder que me llamó aparte y me dijo: «Sabes, creo que tú tienes el don de enseñar», te lo agradezco desde lo más profundo de mi corazón, gracias por reconocer algo en mí que yo no habría podido ver en mí misma.

Tal vez puedas relacionarte con mi experiencia. Quizás tu líder del grupo de estudio evita hacer contacto visual contigo. Es posible que conozcas la emoción de sentir que estás por explotar sobre todo el grupo y te has preguntado si solo eres una sabelotodo y la favorita de la maestra con un grave problema de orgullo. Quizás tienes un esposo o compañera de estudio que tiene que soportar pacientemente toda la semana, y tal vez de noche, que descargues cada cosa que has aprendido durante tu tiempo de estudio personal. Es importante que te hagas la pregunta sobre el orgullo, pero también debes hacerte la pregunta sobre la enseñanza, en especial si otras personas han observado de manera evidente que el don de enseñar está en ti. Quizás la razón por la que no eres un buen miembro del grupo es porque estás hecha para enseñar.

Espero que lo seas. Creo que la iglesia necesita con urgencia maestras bien equipadas, que manejen bien la Escritura, con cuidado y diligencia, y que tengan un corazón para la alfabetización bíblica. Es importante que mujeres enseñen a mujeres y que lo hagan con excelencia. Creo que es de gran importancia por tres razones.

Por qué las mujeres necesitan a mujeres como sus maestras

Primero, necesitamos el *ejemplo* de maestras. Cuando una mujer ve a alguien que se parece a ella y suena como ella mientras enseña la Biblia con pasión e inteligencia, empieza a reconocer que ella también puede amar a Dios con su mente, quizás más de lo que había creído necesario o posible. Si yo solo hubiera oído a hombres enseñar bien la Biblia, no sé si me hubiera considerado capaz de hacer lo mismo. Gracias al Señor que me dio mujeres inteligentes y diligentes que establecieron un ejemplo de lo que significa abrir la Palabra con reverencia y habilidad.

Segundo, necesitamos la *perspectiva* de maestras. Una maestra, de manera natural, se inclinará hacia aplicaciones y ejemplos que son accesibles y reconocibles por otras mujeres. Piensa: menos analogías tomadas del futbol y de las películas de acción y más de los programas del canal HGTV (*Home and Garden Television*)[d] y de las comedias románticas; menos sobre la adicción a la

---

d Canal de televisión dedicado a la decoración del hogar y el jardín

pornografía o la abdicación de la responsabilidad y más sobre asuntos relacionados con la autoestima y con los pecados de la lengua. Una maestra también identificará diferentes verdades del texto de las que encontraría un hombre. Esto no es para decir que ella va a hacer que un texto sea femenino (un error que discutiremos después), pero sí que enfatizará aquellos elementos del texto que subrayan el papel de la mujer en la historia de la redención o que tratan de asuntos pecaminosos que la mujer enfrenta.

Tercero, necesitamos la *autoridad* de maestras. Una mujer puede decirle a otra que no continúe tratando a sus hijos o esposo como si fuesen ídolos, de una manera en la que un hombre no podría. Una mujer podría enfrentar a otra en asuntos tales como la vanidad, el orgullo, la sumisión y el contentamiento de una manera en la que un hombre no podría. Las maestras pueden tener una autoridad que muestra empatía con sus estudiantes mujeres; tenemos la habilidad de decir: «Entiendo los pecados que te asedian y los temores implícitos a ser mujer, y te recomiendo el consejo suficiente de la Escritura».

Entonces, desde ya, pregúntate si el Señor te está llamando a enseñar. La iglesia necesita mujeres que enseñen a mujeres. Y si tu respuesta es «sí», entonces reúne un grupo y empieza. Pero hazlo con cuidado. La carta de Santiago nos advierte que aquellos que enseñan serán juzgados con mayor severidad (Sant. 3:1).

¿Cómo se manifiesta el tomar con superficialidad el papel de maestra? Creo que ocurre cuando confundimos enseñar con hablar en público. No es lo mismo. Algunas veces la iglesia es lenta para discernir la diferencia entre una oradora talentosa y una maestra talentosa. La oradora y la maestra dependen de diferentes conjuntos de herramientas y tienen diferentes objetivos. La oradora depende de la retórica, el contar historias y el humor para inspirar y exhortar. La maestra depende del conocimiento, la percepción y su habilidad de simplificar lo complejo con el fin de capacitar e instruir. La que habla en público hace fanáticas; la maestra hace discípulas.

Tomamos con ligereza el papel de las maestras cuando elevamos las herramientas que usa la que habla en público sobre las de la maestra. Me encanta el humor y contar historias, tanto como a la mayoría. Las he usado en este libro. Pero la maestra debe preguntarse constantemente si está dependiendo de las herramientas de la oradora, al punto de que el contenido de la enseñanza se desvanece en el fondo. Si las personas recuerdan mis historias y mis chistes, pero no mi lección, he perdido lo esencial. Lo ideal es que una maestra talentosa sea también una hábil comunicadora. Sin embargo, si tuviera que escoger una de las dos para que suba a la plataforma, sin dudarlo sería quien enseña. La maestra luchará por la alfabetización bíblica.

Entonces, ¿cómo podemos, como cuidadosas maestras, tomar los cinco elementos y capacitar a otras para que los amen y los usen en su estudio? ¿Cómo podemos preparar lecciones que sigan el acercamiento que hemos bosquejado? Para hacerlo se requiere que nos preparemos con diligencia, que estructuremos con sabiduría y que enseñemos con responsabilidad.

Prepárate con diligencia

No hace falta decir que para que puedas enseñar los cinco elementos, debes primero usarlos tú misma. Lo creas o no, una maestra es más fiel a sus alumnas cuando les enseña de acuerdo a su propia falta de entendimiento. Siempre pensé que las maestras enseñaban porque ellas sabían más que sus estudiantes. Ya no lo creo así. Enseño debido a lo que no conozco. Me doy cuenta de que las preguntas que me surgen cuando leo un pasaje son quizás las mismas que otras también se hacen. La diferencia entre ellas y yo, entre la maestra y la alumna, es que yo no puedo dejar esas preguntas reposadas y sin explorar en los márgenes. Una cosa es cierta: la maestra no es la persona con mayor conocimiento, pero sí con la mayor curiosidad natural para buscar las respuestas a las preguntas que todas encontramos. Debido a cómo está constituida, la maestra es quien está más lista que sus compañeras para excavar en busca de entendimiento. Su entusiasmo por descubrir llega a ser contagioso entre sus estudiantes.

Por lo tanto, yo enseño para aprender. Saber que mis estudiantes necesitan que yo aprenda bien me ayuda a prepararme con mucho cuidado. La preparación cuidadosa empieza al poner en práctica los cinco elementos y, en el momento oportuno, condensar para mis estudiantes las piezas más importantes de mi propio tiempo de estudio. Para lograrlo, una maestra debe contenerse de la práctica de consultar comentarios sin antes haber trabajado, por sí misma, en la comprensión, interpretación y aplicación. Entonces podrá seleccionar bien sus comentarios. Toma un tiempo llegar a saber cuáles autores son los más confiables. Una vez que los encuentras, ellos tienden a convertirse en tus estrellas guías. Me han conocido por elegir para estudiar un libro de la Biblia dependiendo de si mi autor favorito ha escrito un comentario sobre él.

Mientras empiezas a formar una lista de comentarios o autores confiables, pídele ayuda a tu pastor, otro maestro que piense igual o a un profesor de seminario. Una vez que encuentres a un excelente autor, lee las fuentes que haya usado. Revisa las notas a pie de página, así verás qué otros autores moldearon sus pensamientos. Luego lee a esos autores también. Las notas a pie de página son una mina de oro para encontrar otras fuentes para consultar.

Como hemos notado, no todos los comentarios dicen lo mismo. Cuando encuentres conflictos entre tus fuentes confiables, busca el argumento sobre el que haya mayor consenso y compara esa interpretación con aquella a la que tú arribaste por ti misma. Deberás decidir si enseñas la interpretación más común o aquella que es más cercana a la tuya. Si no causa confusión, considera presentar ambas. Presenta tu posición a tus estudiantes. Diles que estás en la minoría y fielmente presenta la explicación más común. Asegúrate de presentarla con el detalle y la justicia que tal postura merece.

Mientras te prepares, recuerda documentar las fuentes en tus notas. Esto te ayudará a localizar de dónde vino una idea, si es que alguien te pregunta o si necesitas volver a revisar esa fuente. Yo solo escribo el apellido del autor y el número de página entre paréntesis al lado del pensamiento que quiero poder localizar de nuevo.

Una preparación minuciosa requiere un compromiso de muchas horas. La cantidad de tiempo que pasas enseñando un estudio es una fracción del tiempo que inviertes en la preparación. Tu tarea es absorber mucha información y luego condensar los elementos más importantes para tus estudiantes. Piensa de ti misma como una organizadora profesional que ordena un almacén desbordante. Tú revisas grandes cantidades de información, decidiendo qué es necesario guardar y dónde guardarla, arreglando y etiquetando, de manera que una estudiante pueda fácilmente encontrarla y usarla.

Estructura con sabiduría

La maestra no solo organiza la información para que sea accesible, sino que la organiza en la manera como será presentada. La forma que escoges para estructurar tu estudio afecta cuánto material puedes cubrir y cuánto se puede profundizar en el texto. ¿Habrá tareas? ¿Utilizarás el lugar de reunión para orar y discutir o solo para enseñar? La estructura de tu estudio determinará su enfoque.

El estudio que dirijo se reúne durante dos horas e incluimos discusión de grupo, adoración y enseñanza. Nuestro grupo es grande, de manera que requerimos más estructura que la de un grupo que se reúne en una casa. La enseñanza en una casa podría entretejerse con la discusión y el horario podría ser más flexible.

Muchos estudios de mujeres dedican una porción de su tiempo juntas a aspectos que les ayudan a crecer en sus relaciones, como compartir peticiones de oración y hacer preguntas que ayuden a romper el hielo. Estos son componentes que se necesitan, pero también pueden tomar el tiempo que se utilizaría para la discusión y la enseñanza. Si las mujeres en tu grupo tienen otras oportunidades para relacionarse (tales como actividades comunitarias o la escuela dominical), considera limitar este componente durante tu reunión de estudio. Les digo a las participantes desde el inicio que deseamos que ellas establezcan relaciones, pero que nuestra meta principal es que ellas crezcan en su conocimiento y amor al Señor. Guardamos el tiempo en

Ayuda para maestras

grupos pequeños para la discusión de la tarea. No somos rígidas al respecto, pero debemos mantenernos en el enfoque principal. Las peticiones de oración son escritas en unas tarjetas y después son enviadas por correo electrónico a todo el grupo. Si hay una necesidad específica, oramos juntas durante el tiempo en grupos pequeños. Para construir relaciones, las líderes con frecuencia se reúnen con sus grupos para una comida en un tiempo diferente al que tienen para estudiar. Animamos a las mujeres a pasar un tiempo juntas y conversar todo lo que deseen después de la enseñanza.

Unos pensamientos sobre las tareas

Si eres nueva en la enseñanza, querrás esperar antes de escribir un plan de estudios. Puedes comenzar por pedirles a las mujeres en tu grupo que lean repetidas veces y que tomen notas. Podrías, después, enviarles por correo electrónico unas tres o cuatro preguntas sobre la interpretación y la aplicación, para que las consideren antes de la reunión. He encontrado que alguna tarea semanal es necesaria para sacarle mayor provecho al tiempo que pasarán juntas. Ya sea que les pidas que lean repetidas veces o que les asignes algunas preguntas, haz lo posible por evitar los comentarios hasta el tiempo de discusión/enseñanza. Estructura tu tarea y enseñanza de tal manera que se honre el proceso de aprendizaje.

Yo escribo un plan para cada estudio que enseño. Cada semana las mujeres leen una sección del texto y responden preguntas sobre él. En su mayoría, las preguntas están basadas en la comprensión y hay unas pocas preguntas, en intervalos regulares, sobre interpretación y aplicación. La tarea requiere que

141

parafraseen el texto, busquen palabras en el diccionario, revisen las referencias cruzadas y lean otras versiones. Mi meta para las tareas es que mis estudiantes vengan al estudio bíblico habiendo invertido tiempo en absorber lo que dice el texto (comprensión). Durante el estudio, utilizamos la discusión en grupo y la enseñanza para explorar juntas qué es lo que el texto significa (interpretación) y cómo debería desafiarnos a ser diferentes (aplicación). En realidad, tengo la intención de que la tarea provoque tantas preguntas como respuestas, para así guiar a las mujeres a reconocer lo que no conocen y enseñarles a resolver la disonancia que la tarea les ha creado.

Las preguntas de la tarea contienen pocos comentarios de mi parte; no les proveo muchas explicaciones o significados de las palabras, a menos que sea absolutamente necesario. Esto ayuda a la estudiante a desarrollar la habilidad de preguntar por sí misma y aprender a no temer que «no saber» es parte del proceso de aprendizaje. Discutimos las preguntas de interpretación y aplicación de la tarea durante el tiempo en los grupos pequeños o durante la enseñanza. Cada tarea semanal concluye con una reflexión sobre qué aspecto del carácter de Dios ha sido revelado en el texto y cómo el entendimiento de ese aspecto de Su carácter debe cambiar nuestra manera de pensar o actuar.

Para escribir una tarea que sea efectiva se requiere que la maestra piense como la estudiante. Cuando te prepares, lee el texto completo y anota en los márgenes las preguntas que te surjan después de leerlo. Es probable que tus estudiantes tengan esas mismas dudas. Recuerda que la pregunta que parezca obvia para ti puede en realidad ser necesaria para tus estudiantes. Pedirles que definan y cuenten palabras y frases repetidas o que repitan conceptos básicos ayuda a prepararlas para que comiencen a adoptar estas prácticas sin tener la presión de un plan de estudios. Esto les enseña a estudiar mejor por sí mismas.

Recuerda también la importancia de hacer preguntas difíciles, aun aquellas que temes preguntártelas a ti misma. Esta es la pregunta que te tienta a decir: «Voy a confiarle eso al Señor y seguiré adelante». Si el texto habla de un padre que vende a su hija para que sea esclava, pregunta a tus estudiantes en la tarea cómo puede un mandamiento como ese venir de un Dios bueno y amoroso. Si el texto describe a Jesús que aconseja cortarse una mano para evitar pecar, pregúntales a tus estudiantes si Jesús está mandando la automutilación. Si sabes que un pasaje a menudo es citado fuera de contexto, desafía el mal uso: «¿Significa Filipenses 4:13 que nosotras podemos hacer cualquier cosa que nos dispongamos hacer? ¿Por qué sí o por qué no? ¿Puedes pensar en otro pasaje que apoye tu respuesta?».

Asegúrales a tus estudiantes que, incluso si ellas no pueden dar una respuesta adecuada, reconocer la pregunta difícil y tratar de responderla es parte del proceso para lograr su comprensión. Evitar hacer las preguntas difíciles solo contribuye a aumentar las dudas y el temor a largo plazo. Tus estudiantes se tranquilizarán al saber que está bien hacer las preguntas difíciles y que personas inteligentes han pensado mucho sobre ellas durante los últimos 2000 años.

Escribir un plan de estudio es un trabajo arduo. Si es posible, pide la ayuda de una amiga para que critique y haga aportes a tu trabajo. Pídele que revise las tareas y que te diga cuáles preguntas la ayudaron y cuáles fueron confusas o de escasa contribución. Con frecuencia, una pregunta que tiene perfecto sentido para ti posiblemente deba ser replanteada para que tenga sentido para otros.

Diseñar un buen estudio requiere que la maestra vaya a través del método de estudio de los cinco elementos y que se pregunte cuáles partes serían difíciles para alguien que está empezando a usarlo. ¿Pondrán atención mis estudiantes a esta palabra clave? ¿Notarán la idea repetida? ¿Tomarán una afirmación tal cual aparece, sin notar que requiere mayor observación? ¿Dónde serán tentadas a correr? ¿Dónde es posible que se enreden?

Poder identificar las respuestas a estas preguntas y a otras semejantes requiere que nos recordemos continuamente cómo vimos el texto la primera vez que nos encontramos con él. Una vez que llegamos a estar familiarizadas con el texto, podemos olvidar las preguntas y las dificultades que originalmente el texto nos presentó. Las buenas maestras son capaces de ver el texto a través de los ojos de sus estudiantes. Por esta razón, yo escribo el plan de estudios antes de haber hecho un estudio exhaustivo del pasaje. Esto me permite hacer las preguntas de manera más natural, hacer las observaciones más básicas antes de que sean oscurecidas por un coro de comentaristas. Después de haber estudiado un poco, pulo y amplío las preguntas que he escrito.

Aquí es donde difiero de otras estrategias. No pienso que la tarea deba enseñar, por sí misma. Pretendo que la tarea sea ante todo una ayuda en la comprensión e inicie el proceso de la interpretación y aplicación. En sentido estricto, la enseñanza es comentario. Mi meta con la tarea es que prepare los corazones y las mentes de mis estudiantes para el tiempo de la enseñanza. Si ellas han hecho su tarea personalmente y han tratado de comprender, interpretar y aplicar con anticipación, oirán la enseñanza con un oído mucho más perceptivo, tanto para notar sus fortalezas como sus debilidades. Ellas sabrán cuándo he manejado el texto con responsabilidad, porque han pasado un tiempo luchando con él antes de venir al grupo de estudio. Hay una gran responsabilidad en esto y yo la acepto con gusto.

Recuerda que tú no tienes que crear tu propio plan de estudios: puedes utilizar uno que honre el proceso de aprendizaje ofreciendo comentarios mínimos y enfatizando la comprensión, o simplemente puedes pedir a tus estudiantes que lean varias veces para estar preparadas para el estudio bíblico. No te dejes intimidar por lo que implica desarrollar tu propio material y que esto te impida enseñar. No toda maestra escribe su propio plan de estudios, pero toda maestra puede hacer que sus estudiantes profundicen en la Palabra al utilizar alguna forma de tarea para iniciar el proceso de aprendizaje.

Enseña con responsabilidad

Enseñar un pasaje a aquellas que lo han estudiado es más demandante que enseñarlo a quienes no lo han hecho. Mi esperanza es que la tarea desafíe lo suficiente su manera de pensar, al punto de que cuando me escuchen enseñar, no solo acepten lo que yo diga. Saber que ellas pensarán de una manera crítica sobre lo que yo diga me hace responsable de evitar los siete errores comunes en la enseñanza.

1. Saltar de un lado para otro

¿Alguna vez has estado lista para oír la enseñanza de un texto y lo único que pasa es que quien enseña lee brevemente el pasaje antes de malgastar 40 minutos rebotando por toda la Biblia?

Una estudiante que ha invertido una semana analizando un capítulo de Efesios no estará satisfecha si la maestra utiliza el texto solo como una plataforma de lanzamiento. Ella querrá dedicarle un tiempo, como debería. Descubrirá que el texto merece 40 minutos bien enfocados del tiempo de estudio y que esos minutos posiblemente no serán suficientes para resolver sus preguntas solo sobre el texto mismo.

La buena enseñanza exige por necesidad el uso de referencias cruzadas, pero no en detrimento del texto principal. Nosotras las maestras somos propensas a distraernos, en particular cuando nuestro texto principal es difícil. La maestra que se esfuerza para construir la alfabetización bíblica debe quedarse allí. Su principal meta no es mostrar de qué manera el texto se relaciona con otros mil pasajes, sino enseñar el texto clave con tal profundidad que vendrá a la mente de la estudiante de modo automático cuando encuentre temas similares en otras partes de su estudio.

2. Feminizar el texto

Las mujeres que enseñan la Biblia a mujeres con frecuencia enfrentan la tentación de tomar un pasaje y cubrirlo con un significado único a la condición de ser mujer. En cualquier momento que tomemos un pasaje que tiene el propósito de enseñar a la *gente* y lo enseñemos como si tuviera el propósito específico de enseñar a las *mujeres*, corremos el riesgo de feminizar el texto.

No quiero decir que no podamos buscar aplicaciones específicas a los diferentes géneros en un texto que se refiera a ambos. Más bien, quiero decir que debemos cuidarnos de dar una interpretación y aplicación que le quite la intención original al texto al enfocarse con exclusividad en el marco de un género específico.

El libro de Rut no es un libro sobre mujeres para mujeres, como la carta de Judas no es sobre hombres para hombres. La Biblia es un libro sobre Dios, escrito para la gente. Por supuesto, enseña el Salmo 139 en lo que se refiere a las mujeres y a la imagen corporal, pero resiste el deseo de enseñarlo solo así. No es el papel de la maestra hacer la Biblia relevante o aceptable para las mujeres. Su tarea es enseñar el texto con responsabilidad. Algunas veces una maestra trae una perspectiva diferente del texto, de la que traería un hombre por causa de su género, pero no siempre es así. Una estudiante que ha invertido tiempo en el texto antes de oír una enseñanza sobre él, sabrá cuándo el texto está siendo feminizado.

3. Hacer extrapolaciones sin fundamento

Con el fin de «traer el texto a la vida» los maestros algunas veces sucumben ante la tentación de añadir un poco de pintura en las orillas de los lienzos de las Escrituras. Admito que es interesante especular sobre pensamientos y motivos que no se registraron de María, la madre de Jesús. De alguna forma, tal vez sea hasta provechoso. Pero en cierto momento, pasa de ser útil a convertirse en una distracción, y potencialmente a ser extrabíblico.

Si alguna vez has visto una película de una adaptación de una historia bíblica familiar, entenderás este punto; cuanto más conozcas lo que la Biblia dice en realidad sobre el éxodo, disfrutarás cada vez menos de la extrapolación que hace de él Cecil B. DeMille. Imaginar más allá del texto es algo que le gusta a la audiencia, pero tiene poco atractivo para una estudiante. La familiaridad con el texto antes de oír su enseñanza mueve al que participa de ser miembro de la audiencia a ser estudiante.

Una estudiante, quien ha pasado una semana inmersa en el texto que estás enseñando, sabrá cuándo tú te has salido del «guion».

4. Depender demasiado del humor y las historias

Con el propósito de ser comprensibles e interesantes, algunas maestras cuentan historias y usan el humor como recursos retóricos. Esto no está mal. El humor y las historias humanizan a la maestra, ayudan a que las oyentes estén interesadas y hacen que los puntos de la enseñanza sean recordados. No está bien que la maestra sea incomprensible, aburrida o que la audiencia no recuerde lo que enseña. Pero tampoco está bien que una maestra dependa demasiado del humor, de las historias o que las use de manera que manipulen la lección o generen distracción. Si no fortalecen la enseñanza, entonces la ponen en peligro.

Si alguien fuera a dividir su enseñanza en un gráfico circular, ¿cuánto del círculo estaría ocupado por estos dos aspectos? Si preguntaras a tus estudiantes algo que recuerden de tu lección, ¿recordarán un punto esencial o una historia divertida? A las audiencias les encantan el humor y las historias, sea que apoyen el mensaje o no. Las estudiantes aman el contenido sólido que es más fácil de recordar por medio de una adecuada ilustración o chiste. Una estudiante bien preparada sabrá si su maestra usa los recursos retóricos solo para llenar espacios o para reforzar la enseñanza.

5. Complacer las emociones

Cuando leo la Escritura en voz alta desde la plataforma, a menudo lloro. No sé por qué. Lo único que sé es que encuentro las verdades del texto profundamente emotivas. Eso me frustraba, pero el Señor me ha mostrado que enseñar la Biblia involucra las emociones. Esto es, enseñar la Biblia debe despertar, tanto en la maestra como en la estudiante, un más profundo amor por el Señor, uno que afecte de manera profunda sus emociones. Amar a Dios con nuestras mentes debe dar como resultado amarlo con profundidad y pureza en nuestros corazones.

Nos metemos en problemas cuando, de manera intencional, apuntamos a las emociones de las personas con el fin de crear una experiencia compartida. Es tentador diseñar una lección que comienza con un chiste y termina con una historia conmovedora. ¿Por qué? Porque es una fórmula retórica que funciona. Algunas veces los oyentes confunden el ser motivado por el Espíritu Santo y ser manipulado por un mensaje humano bien diseñado.

¿Cómo podemos distinguir la diferencia? No siempre es fácil, pero comparto un pensamiento: la manipuladora emocional aumentará *tu amor por ella*, igual o más que lo que ella aumentará *tu amor por Dios*. La tarea de una maestra es atraer tu atención hacia la belleza del texto, no crear una experiencia emocional compartida. Su tarea es exaltar al Dios de la Biblia, no construir un culto a la personalidad. Una estudiante bien preparada será menos susceptible a la manipulación emocional.

6. Sobrecargar la enseñanza

Uno de los mayores retos al diseñar una lección es saber qué contenido incluir y qué dejar afuera. Toma tiempo desarrollar una idea para determinar cuánto contenido razonable puedes incluir en un periodo de enseñanza. Al inicio, la mayoría de las maestras comete el error de prepararse más de la cuenta. Esto puede conducir a enredarse en un mar de notas o a retener a las estudiantes más de lo que había planeado. A la mayoría de las personas no le gusta sentirse agobiada, de manera que, aunque está bien tener más notas de las que puedes usar, es importante tener un plan de emergencia de reducción, si es que se termina el tiempo.

De nuevo, la maestra, cuyas estudiantes han invertido tiempo en el texto clave, tiene una ventaja. El trabajo de comprensión que han hecho te libera para que explores la interpretación y la aplicación, sin tener que hacer mucho trabajo preliminar. Tú expandes y refuerzas su entendimiento en lugar de empezar de cero. Una estudiante bien preparada no requiere de un tiempo de enseñanza sobrecargado.

7. Pretender ser experta

A nadie le gusta sentirse tonta, mucho menos a la maestra. Por eso, algunas veces a las maestras les cuesta admitir los límites de su conocimiento. Sé honesta sobre tus limitaciones: está bien que la maestra diga: «No lo sé». En realidad puede ser hasta tranquilizador para tus estudiantes. Cuando un texto tiene más de una interpretación aceptada, da toda la información. Da una respuesta honesta que reconozca los diferentes puntos de vista. Esto provee a las estudiantes de una oportunidad para pensar sobre cuál postura encaja mejor con lo que ellas están leyendo del texto. Una estudiante bien preparada sabe que un pasaje difícil demanda atención. Ella sabrá si le has dado una respuesta simple a un tema complejo. Es mucho mejor ser honesta sobre tu confianza, o falta de ella, en una interpretación en particular.

La mejor parte de enseñarles a las mujeres un texto que ellas han estudiado previamente es que le exigen a la maestra que no improvise. La estudiante preparada puede identificar si la maestra tiene una preparación superficial. Exigirles más y de manera anticipada a mis estudiantes significa que ellas pueden y deben requerir más de mí durante la enseñanza.

Por qué es liberador enseñar con los cinco elementos

Aunque enseñar es difícil, usar un método como el de los cinco elementos aliviana la carga. La belleza de utilizar este método es que libera a la maestra de decidir qué temas abordar. Su lección está determinada por el contenido del pasaje en cuestión. Encuentro gran consuelo en saber que el texto introducirá lo que es necesario, cuando es necesario, en un contexto que lo presentará para el mayor provecho. Todo lo que tengo que hacer es enseñar el siguiente versículo. Enseñar un tópico me exige desarrollar bosquejos complejos, conectando una cosa con la otra en diferentes pasajes. Pero enseñar con el método expuesto permite que el texto sea mi bosquejo.

Estoy de acuerdo con Santiago: «no os hagáis maestros muchos de vosotros». Formar el entendimiento de alguien con las cosas de Dios es una enorme responsabilidad y no debe tomarse con ligereza. Entre quienes verdaderamente desean enseñar, no hay espacio para la mentalidad de «finge hasta que lo consigas». Quienes toman su papel con seriedad invertirán muchas horas para prepararse, enseñarán durante 40 minutos y pasarán horas meditando sobre qué más debió decirse, qué más pudo haberse explicado y qué ilustración debió usarse. Cuando una mujer joven me dice: «Quiero enseñar como tú», siempre pienso: «Quizás lo hice parecer fácil». Enseñar, igual que otras vocaciones, ciertamente no es fácil, pero, si el Señor te ha hecho así para esa tarea, puedes confiar que Él te proveerá todo lo que necesites.

Conclusión

Busca Su rostro

Cuando dijiste: Buscad mi rostro, mi corazón te respondió: Tu rostro, Señor, buscaré.

Sal. 27:8

Alguien me preguntó recientemente, después de que supo que yo era maestra de la Biblia, si era una persona que adoraba a Dios o una que adoraba la Biblia. La pregunta no me sorprendió. Cuando paso tanto tiempo pidiéndoles a las personas que se interesen por conocer sus Biblias, alguien podría sentirse obligado a preguntar si acaso he perdido de vista el bosque por estar mirando los árboles. Mi respuesta fue simple: yo quiero ser conformada a la imagen de Dios. ¿Cómo puedo llegar a ser conformada a una imagen que nunca contemplo? No soy una persona que adora la Biblia, pero no puedo adorar en verdad a Dios sin amar la Biblia profunda y reverentemente. De otra manera, yo adoro a un dios desconocido.

Quien adora la Biblia ama un objeto. Quien adora a Dios ama a una persona. Podemos amar la Biblia con nuestras mentes, pero no podemos amarla con nuestros corazones más de lo que podemos amar un carro o un capuchino. Un objeto no puede recibir amor o corresponderlo. Solo una persona puede hacerlo. Entonces, si has leído este libro para amar más la Biblia, quiero aplaudirte y al mismo tiempo hacerte una advertencia. Te ruego que aprendas a amar a Dios con tu mente mediante el fiel estudio de Su Palabra, pero también te ruego que no amarres tus afectos a ninguna otra cosa que no sea la persona de Dios mismo. Nuestro estudio de la Biblia es provechoso si aumenta nuestro amor por el Dios que esta proclama. El estudio de la Biblia es un medio para un fin, no un fin en sí mismo. Es un medio para amar más a Dios y vivir de una manera diferente porque hemos aprendido a contemplarlo mejor. Es también un medio para llegar a ser lo que contemplamos. El amor recíproco de Dios es un amor que transforma.

En Juan 13, Jesús les expresa a Sus discípulos que Su influencia será reconocible. También les indica que el mundo los conocerá por una clara razón: su amor los unos por los otros. En cuanto a ti, tu amor por otros es lo que se desborda de tu amor por Dios. Tu amor por Dios se incrementará al conocerlo mejor. Pero nunca pierdas de vista que tu influencia se notará por la manera en que usas tu corazón, no tu mente. La alfabetización bíblica que no transforma es como perseguir al viento. Los cristianos seremos conocidos por nuestro amor, no por nuestro conocimiento.

No seremos conocidas por cualquier clase de amor, seremos conocidas por la clase de amor que el Padre nos ha mostrado y que nosotras, a su vez, mostramos a otros.

Nosotras llegamos a ser lo que contemplamos

Cuando estaba en séptimo grado, quería ser como mi amiga Meg. Ella tenía el cabello rubio brillante, arreglado con un corte estilo paje. Tenía unos vestidos envidiables. Era divertida, inteligente y popular. Escuchaba buena música y llevaba el bolso correcto. Tenía una bella figura y un bronceado del color de la miel. Ella sabía algo de maquillaje. Era casi la perfección andante.

Por lo tanto, hice lo que muchas chicas en la secundaria: me hice un corte de pelo estilo paje. Recorrí las tiendas en búsqueda de liquidaciones de vestidos que se parecieran a los que usaba Meg, que eran los que podía pagar con el dinero que ganaba como niñera. Cambié mi forma de hablar y mis gustos en la música para coincidir con los de ella. Incluso intenté caminar con el mismo paso que ella tenía. Estudié todo aquello que hacía especial a Meg y luego traté de imitarlo hasta el más mínimo detalle. No importaba que yo fuera unos quince centímetros (seis pulgadas) más alta que ella, que tuviera la piel blanca y pecosa, y todas las curvas de una niña de diez años. Yo hice un estudio profundo sobre ella e hice todo lo que estaba en mi poder para conformarme a su imagen.

Con frecuencia pienso sobre este periodo de mi vida, tanto en lo que hice bien como en lo que hice mal. En verdad fui muy buena en reconocer lo que hacía falta para imitar a alguien de manera efectiva, poniendo especial atención a sus atributos. Incluso tenía razón al querer imitar la perfección. Pero estaba equivocada al pensar que podía encontrarla en otro ser humano.

Nosotras, como seres humanos, somos imitadoras. Desde que somos bebés, imitamos a los que están a nuestro alrededor. Algunas veces imitamos de forma activa, al igual que lo hice yo cuando traté de convertirme en Meg. Otras veces imitamos de forma pasiva, como cuando nos damos cuenta, algo tarde, de que nos estamos convirtiendo en nuestras madres. ¿Podría ser que fuimos diseñadas de esta manera por alguna razón? ¿Que nuestra tendencia a imitar está prevista para nuestro bien?

Efesios 5:1 nos indica que seamos «… imitadores de Dios como hijos amados». Los hijos que saben que son amados imitan a sus padres movidos por la adoración. Quieren ser como ellos. Esta es la manera en que somos llamadas a imitar a nuestro perfecto Dios: no con un deseo servil y adolescente de querer ser mejor o diferente de lo que somos en el presente, sino por el reconocimiento gozoso de que Él es hermoso y completamente digno de imitar.

Pero debes saber esto: nosotras no lo imitaremos por accidente. Sin duda, seremos como nuestras madres sin mucho esfuerzo, pero no nos despertaremos dentro de diez años y descubriremos que, de forma pasiva, hemos asumido el carácter de Dios.

Imitación activa

La imitación ocurre casi de la misma manera que me ocurrió en la secundaria. Solo que esta vez tenemos un objeto mucho más digno. Igual que hice un estudio de mi amiga, así debemos hacer un estudio de Dios: lo que Él ama, lo que Él aborrece, cómo habla y actúa. No podemos imitar a un Dios cuyas características y hábitos nunca hemos aprendido. Tenemos que hacer un estudio sobre Él si queremos llegar a ser como Él. Debemos buscar Su rostro.

Hay muchas buenas razones para invertir en aprender la Palabra de Dios, pero no hay ninguna mejor que esta: cada esfuerzo con *propósito*, cada lectura con *perspectiva*, cada paso hacia adelante con *paciencia*, cada intento de seguir un *proceso* ordenado, cada porción de las Escrituras impregnada con *oración*, todo eso nos acerca más a Su aspecto y nos pone en línea con el resplandor de Su rostro. Lo vemos por quién es Él, lo cual es sin duda una recompensa en sí misma, pero también es una recompensa con el beneficio secundario de ser alterado para siempre por esta visión.

Llegamos a ser lo que contemplamos. ¿Crees esto? Ya sea de manera pasiva o activa, llegamos a conformarnos al patrón al que le dedicamos la mayor parte del tiempo estudiando.

¿Sobre qué está puesta tu mirada? ¿Tu cuenta bancaria? ¿Tu balanza de baño? ¿El próximo galardón para tu hijo? ¿Tu cocina soñada? ¿La última serie de televisión de gran éxito? ¿Tu teléfono? A causa de la naturaleza de esta vida, debemos luchar todos los días para ver lo que realmente trasciende. Muchas cosas pueden desviar nuestra atención, pero cuando nuestros ojos están libres del niño de dos años, la hoja de cálculo, el libro de texto o los platos de la cena, ¿hacia dónde los desviamos? Si nosotras empleamos nuestro tiempo mirando solo las cosas menores, llegaremos a ser como ellas, y mediremos nuestros años en términos de la gloria humana.

Pero te tengo buenas noticias: Aquel a quien más necesitamos contemplar se ha hecho conocido. Él ha trazado con delicadeza las líneas y contornos de Su rostro. Lo ha hecho en Su Palabra. Debemos buscar ese rostro, aunque los bebés sigan llorando, las cuentas continúen creciendo, las malas noticias continúen llegando sin previo aviso, aunque las amistades crezcan y mengüen, aunque lo fácil o lo difícil debiliten nuestra santidad, aunque mil rostros se amontonen por nuestros afectos y mil voces reclamen nuestra atención. Al fijar nuestra mirada en ese rostro, intercambiamos la gloria humana por la santidad: «... contemplando como en un espejo la gloria del Señor, estamos siendo transformados en la misma imagen de gloria en gloria, como por el Señor, el Espíritu» (2 Cor. 3:18).

Hay solo dos posibilidades en esta vida: ser conformado a la imagen de Dios o ser conformado al patrón de este mundo. Sin duda, tú quieres lo primero. Pero ten cuidado: la Palabra es viva y activa. Te conformará al dividirte y en esa división, milagro de milagros, te hará completa. Llegamos a ser lo que contemplamos. Yo no sé sobre ti, pero yo tengo mucho «que llegar a ser». Hay una inmensidad entre lo que soy y lo que debo ser, pero es una inmensidad que puede ser abarcada por la misericordia y la gracia de Aquel cuyo rostro para mí es indispensable contemplar. Al contemplar a Dios llegamos a ser como Él.

Entonces, lleva a cabo un estudio fiel sobre Aquel que quieres imitar, como una hija amada. Estudia todo lo que hace a Dios magnífico e imita para el deleite de tu corazón, como la expresión de tu amor recíproco por Él. Responde como lo hizo David: «... mi corazón te respondió: Tu rostro, Señor, buscaré» (Sal. 27:8). A aquel que lo busca, el Señor se complace en levantar Su rostro, ahora y siempre. Estudia bien los contornos de Su rostro. Contemplemos Su hermosura al tocar nuestras mentes y corazones. Y seamos transformadas.

Recursos recomendados

(A continuación aparecen recursos tanto en español como en inglés. En los casos en que no se conoce un recurso en español equivalente al sugerido por la autora, se incluyó la información del recurso original).

Ayudas para desarrollar un método de estudio confiable

Kay Arthur, David Arthur y Pete De Lacey. *The New How to Study Your Bible* [El nuevo cómo estudiar tu Biblia]. Eugene, OR: Harvest House, 2010.

Kathleen Buswell Nielson. *Bible Study: Following the Ways of the Word* [Estudio de la Biblia: Según el modelo de la Palabra]. Phillipsburg, NJ: P&R, 2011.

John MacArthur. *El poder de la Palabra y cómo estudiarla*. Grand Rapids, MI: Editorial Portavoz, 2010.

Robert H. Stein. *A Basic Guide to Interpreting the Bible: Playing by the Rules* [Guía para interpretar la Biblia: Respetando las reglas]. 2.ª ed. Grand Rapids, MI: Baker Academic, 2011.

Herramientas básicas para el estudio de la Biblia

LBLA Biblia de estudio. Nashville, TN: B&H Español, 2008.

RVR 1960 Biblia de estudio Holman. Nashville, TN: B&H Español, 2014.

Diccionario bíblico ilustrado Holman. Nashville, TN: B&H Español, 2014.

The New Bible Dictionary [Nuevo diccionario bíblico], editado por I. Howard Marshall, A R. Miller, J. I. Packer y D. J. Wiseman. 3.ª ed. Downers Grove, IL: InterVarsity Press, 1996.

Comentarios confiables

Keith Mathison. *Top Commentaries on Every Book of the Bible* [Comentarios sobre cada libro de la Biblia]. Disponible en el sitio de Ligonier: http://www.ligonier.org/blog/top-commentaries-on-every-book-of-the-bible/.

Mujer de la Palabra

**Para un comentario introductorio y general en español, te recomendamos el *Comentario bíblico conciso Holman*, editado por David S. Dockery. Nashville, TN: B&H Publishing Group, 2011.

Estudios inductivos para casi cada libro de la Biblia
LifeChange Bible Study Series [Estudios bíblicos de LifeChange]. Colorado Springs, CO: NavPress.

Lectura adicional sobre la metanarrativa
Justin Buzzard. *The Big Story: How the Bible Makes Sense Out of Life* [La Gran Historia: Cómo la Biblia hace que la vida tenga sentido]. Chicago, IL: Moody, 2013.

Sobre los atributos de Dios
W. Pink. *Los atributos de Dios*. Disponible en http://www.iglesiareformada.com/pink_atributos_1.html/.

A. W. Tozer. *La búsqueda de Dios*. Camp Hills, PA: Wingspread, 2008.

Ayudas de estudio gratuitas en internet
Bible Gateway. Disponible en http://www.biblegateway.com/passage/?language=es.

Blue Letter Bible. Disponible en http://www.blueletterbible.org.

Para el estudiante que aprende oyendo, o para aquellos que encuentran la lectura repetitiva un desafío
Descarga la Audiobiblia completa a tu teléfono inteligente y escucha un libro de la Biblia cuando haces ejercicio o conduces, o durante el tiempo en que podrías estar escuchando música.

Para un examen extenso del papel de la mente en la devoción cristiana
J. P. Moreland. *Love Your God with All Your Mind: The Role of Reason in the Life of the Soul* [Ama a tu Dios con toda tu mente: El papel de la razón en la vida del alma]. Edición revisada y ampliada. Colorado Springs, CO: NavPress, 2012.

**Para un recurso en español, recomendamos Timothy Keller. *¿Es razonable creer en Dios?* Nashville, TN: B&H Español, disponible en 2017.

Notas

Prólogo

1. Edmund P. Clowney, *The Unfolding Mystery: Discovering Christ in the Old Testament* [El misterio revelado: Descubriendo a Cristo en el Antiguo Testamento] (Phillipsburg, NJ: P&R, 1988), 11.

2. El término «alfabetización bíblica», en el presente libro se usa para referirse a la capacidad de usar la Biblia en el proceso enseñanza-aprendizaje con el propósito de formular y comunicar significado y conocimiento.

Capítulo 1: Cambia las cosas

1. «What do We Value Most?» [¿Qué valoramos más?] NPR Radio TED Radio Hour, 25 de mayo de 2012, 14:00, http://www.npr.org/player/v2/mediaPlayer.html?action=1&t=3&islist=true&id=57&d=04-27-2012.

2. «Paul Bloom: The Origins of Pleasure» [Paul Bloom: Los orígenes del placer], TED talks, julio de 2011, http://www.ted.com/talks/paul_bloom_the_origins_of_pleasure.html.

Capítulo 2: Argumentos a favor de la alfabetización bíblica

1. La *Magic 8-Ball* [bola mágica 8] es un juguete para echar la fortuna diseñado por Mattel. Es una esfera de plástico con la misma apariencia que una bola 8 de billar. En el interior hay un dado blando con forma icosaédrica y cada una de las 20 caras del dado tiene impresa con letras en relieve una frase afirmativa, negativa o neutra. La bola 8 tiene una «ventana» transparente en la parte superior a través de la cual se pueden leer dichos mensajes. El usuario «pregunta a la bola» y esta revelará un mensaje (frase afirmativa, negativa o neutra).

2. Vorjack, «Women Leaving the Church» [Mujeres que están dejando la iglesia], *Patheos*, 5 de agosto de 2011, http://www.patheos.com/blogs/unreasonablefaith/2011/08/women-leaving-the-church/.

Capítulo 4: Estudia con perspectiva

1. Tom Mueller, «Underground Rome» [Roma bajo tierra], *The Atlantic Monthly* [Revista mensual The Atlantic], abril de 1997, http://www.theatlantic.com/past/docs/issues/97apr/rome.htm.
2. Stephan Faris, «Rome's Developing Subway» [Desarrollo del metro de Roma], *Travel and Leisure* [Viaje y esparcimiento], abril de 2008, http://www.travelandleisure.com/articles/romes-developing-subway.
3. *Merriam-Webster OnLine* [Diccionario Merriam-Webster en línea], s. v. «literature» [literatura], http://www.merriam-webster.com/dictionary/literature?show=0&t=1385582790.
4. Gordon Fee y Douglas Stuart, *How to Read the Bible for All its Worth* [La lectura eficaz de la Biblia] (Grand Rapids, MI: Zondervan, 1993), 74.

Capítulo 5: Estudia con paciencia

1. *A League of Their Own* [Una liga de los suyos], 1992. «There is no crying in baseball!» [¡No se llora en el béisbol!].

Capítulo 6: Estudia mediante un proceso

1. En estos sitios se encuentran léxicos básicos, pero útiles: http://www.iglesiareformada.com/Lexico-Hebreo-Espanol.pdf; http://www.iglesiareformada.com/Lexico-Griego-Espanol.pdf.

Índice de textos bíblicos

Génesis	21,74
1	56, 96, 102, 106
1-2	55
1-3	107
3	55
3:11-12	125
3:15	55

Éxodo	21, 107
3:11	22
3:12	22
3:13	22
3:14-21	23

Levítico	
2:14-16	125

1 Reyes	
8:48-49	28

1 Crónicas	
22:19	28

Job	
30-40	58

Salmos	21
16:11	30
23	58
27:8	153
34:3	5
119:10-11	115
139	39, 147

Proverbios	
24:27	91

Isaías	
26:3	28
40:21-22a	49

Jeremías	
17:9	40

Mateo

5:11-12	122, 124
5:12	122
11:28	39
13:52	61

Marcos

12:30	26

Lucas

8:15	77, 88
24:44-45	28

Juan

5:39-40	25
13	154

Hechos

15	118

Romanos

12:2	29, 31
15:4	35

1 Corintios

6:19-20	108
14:14-15	28

Gálatas

5:22-23	78

Efesios

2:10	22
5:1	156

Filipenses

4:6	39
4:13	143

2 Timoteo

2:15	133
3:16-17	19

Santiago 68

1:1	120, 127
1:1-18	121, 124, 125, 127, 128
1:2-3	122, 123
1:2-4	125
1:2-12	120
1:2-18	120
1:5	109, 127, 128
1:13-18	120
1:14-15	125
1:16	125, 128
1:17	125
1:19-27	120

2:1-13	120		5:7-11	120
2:14-26	120		5:7-20	120
3:1	131, 136		5:12	120
3:1-12	120		5:13-18	120
3:13-18	120, 124		5:19-20	120
4	120			
4:1-3	120		*1 Pedro*	
4:4	120		1:6	122, 123
4:5-10	120			
4:11-12	120		*Apocalipsis*	21, 69
4:13-17	120		21	107
5:1-6	120			

Pensamientos

_____

_____

_____

_____

_____

_____

_____

_____

_____

_____

_____

Mujer de la Palabra

_____

_____

_____

_____

_____

_____

_____

_____

_____

_____

_____

_____

_____

_____

Pensamientos

Mujer de la Palabra

_____

_____

_____

_____

_____

_____

_____

_____

_____

_____

_____

_____

_____

_____

_____

Pensamientos

Mujer de la Palabra

_____

_____

_____

_____

_____

_____

_____

_____

_____

_____

_____

_____

_____

COALICIÓN POR EL EVANGELIO es una hermandad de iglesias y pastores comprometidos con promover el evangelio y las doctrinas de la gracia en el mundo hispanohablante, enfocar nuestra fe en la persona de Jesucristo, y reformar nuestras prácticas conforme a las Escrituras. Logramos estos propósitos a través de diversas iniciativas, incluyendo eventos y publicaciones. La mayor parte de nuestro contenido es publicado en www.coalicionporelevangelio.org, pero a la vez nos unimos a los esfuerzos de casas editoriales para producir y colaborar en una línea de libros que representen estos ideales. Cuando un libro lleva el logo de Coalición, usted puede confiar en que fue escrito, editado y publicado con el firme propósito de exaltar la verdad de Dios y el evangelio de Jesucristo.

TGC | COALICIÓN